A Responsabilidade Empresarial no Processo Judicial

Carlos Henrique Abrão

A Responsabilidade Empresarial no Processo Judicial

2ª Edição
Revista, atualizada e ampliada

SÃO PAULO
EDITORA ATLAS S.A. – 2012

© 2012 by Editora Atlas S.A.

A primeira edição desta obra foi publicada pela Editora Conceito Editorial;
2. ed. 2012

Capa: Leonardo Hermano
Composição: Formato Serviços de Editoração Ltda.

Dados Internacionais de Catalogação na Publicação (CIP)
(Câmara Brasileira do Livro, SP, Brasil)

Abrão, Carlos Henrique
A responsabilidade empresarial no processo judicial / Carlos Henrique Abrão. – 2. ed. – São Paulo: Atlas, 2012.

Bibliografia.
ISBN 978-85-224-7097-6

1. Processo judicial – Brasil 2. Responsabilidade da empresa – Brasil 3. Responsabilidade (Direito) – Brasil I. Título.

12-02797   CDU-347.51

Índice para catálogo sistemático:

1. Brasil : Responsabilidade empresarial no processo judicial : Direito   347.51

TODOS OS DIREITOS RESERVADOS – É proibida a reprodução total ou parcial, de qualquer forma ou por qualquer meio. A violação dos direitos de autor (Lei nº 9.610/98) é crime estabelecido pelo artigo 184 do Código Penal.

Depósito legal na Biblioteca Nacional conforme Decreto nº 1.825, de 20 de dezembro de 1907.

Impresso no Brasil/Printed in Brazil

Editora Atlas S.A.
Rua Conselheiro Nébias, 1384 (Campos Elísios)
01203-904 São Paulo (SP)
Tel.: (011) 3357-9144
www.EditoraAtlas.com.br

Dedico essa singela obra à figura do Ministro Cezar Peluso pela enorme contribuição no aperfeiçoamento e aprimoramento da Magistratura.

Ao Ministro Sidnei Benetti pelo exemplo dedicado à carreira e à sabedoria que serve de visão para todos os Magistrados.

Ao Desembargador em razão do ingente esforço na direção da efetividade processual e reconstrução do judiciário paulista.

Ao Desembargador Henrique Nelson Calandra, Presidente da Associação dos Magistrados Brasileiros, pelo incansável trabalho em prol da classe e de um novo horizonte no porvir.

Ao Professor Arnold Wald pelos ensinamentos e a cultura jurídico-empresarial, no desabrochar de uma esperançosa geração que se recicla.

Ivan Ricardo Garísio Sartori

Sumário

Apresentação, xi

1 **Da Responsabilidade Empresarial, 1**
1.1 Responsabilidade civil, 1
1.2 Responsabilidade em face do consumidor, 2
1.3 Responsabilidade tributária, 5
1.4 Responsabilidade trabalhista, 8
1.5 Responsabilidade empresarial, 10

2 **Usufruto de Empresa, Imóveis e Móveis, 13**
2.1 O significado do usufruto e seu alcance, 13
2.2 Limites e tipo de empresa, 15
2.3 A posição do credor e o negócio empresarial, 17
2.4 Usufruto provisório e suas consequências, 18
2.5 Causas e circunstâncias de extinção do usufruto, 20

3 **Penhora de Quotas e Ações, 24**
3.1 O sentido da quota e o alcance da ação, 24
3.2 Limites da constrição, 26
3.3 Registro público da penhora e das ações – alterações societárias, 28
3.4 Excussão de quota e ações – avaliação, 30

3.5 Da remição à alienação judicial, 32

4 **Penhora do Estabelecimento, 35**
4.1 Conceito de estabelecimento comercial, 35
4.2 Limites da penhora e incidências, 37
4.3 Vantagens e desvantagens da constrição, 40
4.4 Alienação do estabelecimento e seus reflexos, 42
4.5 O crédito e a continuidade da penhora, 44

5 **Penhora do Imóvel da Empresa, 48**
5.1 Requisitos da penhora do imóvel, 48
5.2 Pluralidade de penhoras, 50
5.3 Concurso de credores e isonomia, 52
5.4 Compatibilidade da medida e o crédito, 53
5.5 Empresa e grupo econômico, 54

6 **Penhora de Faturamento, 58**
6.1 Os pressupostos da constrição do faturamento, 58
6.2 Limites percentuais fixados, 59
6.3 Nomeação do administrador e sua remuneração, 61
6.4 Reflexos da penhora e do faturamento, 63
6.5 Responsabilidade societária, 64

7 **Do Administrador Judicial, 66**
7.1 O encargo e seu pressuposto, 66
7.2 Limites da função e o depositário infiel, 67
7.3 Informes empresariais, 69
7.4 Quebra dos sigilos fiscal e bancário, 70
7.5 Revisão do percentual da constrição, 72

8 **A Responsabilidade do Sócio Cotista, 76**
8.1 A temática da responsabilidade societária, 76

8.2 A integralização da cota e sua repercussão, 77

8.3 Responsabilidade societária empresarial, 78

8.4 A posição do sócio-devedor, 81

8.5 Síntese analítica do tema, 83

Jurisprudência, 85

Bibliografia, 91

Apresentação

A responsabilidade empresarial, sempre em voga, projeta interpretações díspares, principalmente em relação à eficácia da medida e sua repercussão em torno da preservação da empresa.

O Código de Processo Civil elenca diversos prosseguimentos resultando na constrição do estabelecimento da empresa, no usufruto de bens e também a chamada penhora de faturamento.

Hoje tornou-se frequente, quase habitual, a penhora Bacen *online*, colimando harmonia com a ordem de preferência, para fins de constrição ou de garantia em prol do credor.

As medidas adotadas precisam ter uma sinalização coerente com a realidade da obrigação, mediante transparência, compreensão do juízo e dos seus auxiliares.

Em termos de penhora de faturamento nos deparamos com interpretações diferenciadas da jurisprudência, sem qualquer análise criteriosa, comprometendo a empresa e também a prática de providências inócuas.

Bem por tudo isso, na conjugação de esforços, permeada pela percepção do assunto, vimos a necessidade de elaborar objetivo trabalho para retratar nossas preocupações e o desenho de um quadro mais seguro.

Com a monografia pretendemos abrir discussão, fruto da pesquisa, para contribuição no campo doutrinário também jurisprudencial, na verificação da medida adotada e sua coerência com o procedimento.

A preservação da empresa está redigida na disciplina da Lei 11.101/05, porém é frequentemente colocada em risco por meio de medidas paralelas tomadas pela Fazenda e também por credores trabalhistas.

Descrita e radiografada a matéria, diante do quadro de sua pluralidade, examina-se a limitação da responsabilidade, o tipo societário, a tônica do abuso da personalidade jurídica, violação do mandato, para fins de permitir a responsabilização individual dos sócios.

Revelados esses aspectos e descortinados a partir de uma verificação instrumental, cogita-se, como passo seguinte, atestar se os remédios processuais conferem qualidade e quantidade suficientes à responsabilização empresarial atual.

O Autor

1
Da Responsabilidade Empresarial

1.1 Responsabilidade civil

Emerge do Código Civil em vigor a responsabilidade decorrente do cometimento de ato ilícito, disciplinado no art. 186.

Invariavelmente, a circunstância envolve a prática de ato, normalmente pelo preposto, surgindo o nexo causal sujeitando preponente.

Há atividade que exige a figura do elemento culpa, imprudência, negligência ou imperícia, caracterizando, com isso, o resultado havido.

A empresa tem sua responsabilidade pelo risco do negócio ou falha cometida na respectiva prestação ou venda do produto.

Nos contratos em massa, a responsabilidade pode estar evidenciada, mas a hipótese proclama o ato do agente, em sentido amplo.

Perpassa o campo a falta de patrimônio da empresa, a mapear o caminho do art. 50 do Código Civil.

De concreto, a desconsideração da personalidade jurídica, não sendo encontrado patrimônio na empresa, busca alcançar os sócios dotados do poder de administração.

Essencial o exaurimento da excussão contra a sociedade empresária, nos limites da causa, para que se possa cogitar, de forma comprovada, o abuso, o desvio, no intuito de alcançar os sócios.

Os contratos nominados ou inominados seguem, em geral, ao comando da responsabilidade civil, quando houver culpabilidade ou estivermos diante da natureza objetiva.

Afere-se, de acordo com a regra própria, o aspecto bilateral ou de adesão, em sintonia com o prejuízo experimentado.

O aspecto fundamental na responsabilidade civil, a ser apreciado, diz respeito, pois, à configuração da culpa, dentro dos limites do caso concreto, e à presença da sociedade empresária.

O Código Civil delimita, fazendo um balizamento, portanto, acerca da regra matriz aplicada na hipótese da responsabilidade subjetiva, por intermédio do elemento culpa.

No ângulo divisado, o negócio empresarial apresenta a importância do tema, na sequência de avaliar o patrimônio da empresa.

Essa dinâmica pode ter um caráter de tutela antecipada ou de conotação satisfativa, com a preocupação de definir quadro seguro.

A vítima de atropelamento que tem incapacidade laborativa poderá exigir o pagamento de pensão, em tutela de urgência, para sua própria sobrevivência.

Quadra destacar que a empresa é responsabilizada em razão de ato que repercuta na culpa ou sinalize o pressuposto objetivo.

Amparam a pretensão o nexo causal e o dano, relativamente às esferas que evidenciam o prejuízo e a sua inerente repercussão, em termos do conflito.

A vastidão da responsabilidade civil repercute, também, na motivação do dano, moral, estético, psicológico, tudo significando a circunstância decorrente da culpa e a demonstração do nexo causal por meio da comprovação.

1.2 Responsabilidade em face do consumidor

Grande conquista da sociedade moderna, o Código de Defesa do Consumidor abriu as portas para criação de juizados especiais e também acelerou as demandas, fundamentalmente com argumento da inversão do ônus da prova, hipossuficiência técnica.

Entretanto, o mérito principal do diploma normativo repousa na responsabilidade objetiva, protegendo o consumidor e estabelecendo com isso a presunção de culpa, a fim de que a empresa seja responsabilizada.

Analisando o tema, Antonio Herman V. Benjamim e outros destacaram três modalidades de responsabilidade: a *real* (fabricante, construtora e produtor), a *presumida* (importador) e a *aparente* (o comerciante quando não identifica o real responsável).

Alimentada a cadeia em torno da responsabilidade, a qual se destina, essencialmente, à tutela protetiva do consumidor, essa regra discorre a respeito do elemento configurador, ensejando com isso identificação ao longo do processo produtivo até o consumo final.

O sobredito elo de ligação desde o momento da fabricação até a fase final da comercialização significa, de forma alguma, desconhecimento da responsabilidade marcante.

Bem nessa dicção, a empresa responde, quando não identifica, nas diversas etapas, o próprio responsável, caracterizando assim ampliação no leque de opções subjetivas inerentes ao dever de indenizar.

A ferramenta que altera o curso normal da culpa subjetiva para aquela objetiva, independentemente da culpa, provoca reparação de danos causados aos consumidores.

Repousa a vertente, para amparar ainda esta circunstância, no art. 28 do Código de Defesa do Consumidor, principalmente quando, numa sociedade globalizada, as relações econômicas não se fazem inequivocamente transparentes.

Delimitada essa faceta, em todo o seu contorno, a responsabilidade empresarial, face ao consumidor, é fortemente calcada na relação estabelecida, de modo objetivo, induzindo ao aspecto do dano material e também daquele extrapatrimonial.

Forrado nessa percepção, portanto, evitando práticas abusivas, a metodologia traçou um quadro de sinergia entre a etapa de fabricação do produto, até aquela final, de aquisição pelo consumidor, fixando-se prazos, inclusive decadencial, para eliminar qualquer dúvida e definir o norte da responsabilidade.

As regras estabelecidas, comumente, afetam, pois, a responsabilidade empresarial na relação consumerista, mas, em muitas hipóteses, nota-se a necessidade de aferição da capacidade, querendo com isso significar que o diretor, gerente ou qualquer outra pessoa estariam incluídos, concurso de pessoas, no dispositivo atinente à composição do dano.

Visualiza-se na temática, não apenas em relação à comercialização de produtos, mas também na prestação de serviços, o complexo de relações destinadas a assegurar transparência e modelar a forma de agir em função do prejuízo acarretado.

As sociedades empresárias, limitadas ou anônimas, sujeitam-se à composição do prejuízo, em relação ao tema consumo, não se descartando, em tese, a desconsideração, ou qualquer outro tipo de constrição, para assegurar a liquidez da obrigação.

Consequentemente, quando a empresa não tem recursos suficientes à cobertura, logicamente estaremos diante da definição que envolve os sócios e demais atividades do grupo.

Em outras palavras, fixado o valor da indenização, não havendo recurso vinculado à sociedade empresária, nada impede que o grupo responda, ou, à míngua de capacidade econômico-financeira, os respectivos sócios.

Elementar destacar, no âmbito da responsabilidade estabelecida pela relação de consumo, o critério objetivo, tornando desnecessária a comprovação da culpa.

Contudo, a exploração do tema responsabilidade empresarial poderá diagnosticar formas de excussão que assegurem a obrigação e permitam amealhar quantia suficiente ao pagamento do dano.

Uma vez aferida a responsabilidade objetiva, fruto da relação de consumo, na prática o que se discute é se a empresa reúne, fundamentalmente, recursos visando a solucionar a obrigação.

Nada impede a penhora *on-line*, aquela de faturamento, a desconsideração da personalidade jurídica, a constrição de quotas, proclamando com isso alcançar os sócios – administradores e gerentes que praticaram o malsinado ato.

Dessa maneira, pois, a absorção do princípio da responsabilidade objetiva significa importante passo na direção de proteção do consumidor, a qual, aglutinada ao patrimônio empresarial, terá meios de obter o valor justo da indenização.

Referida observação também se aplica, em atenção à relação de consumo, no tocante às empresas que comercializam eletronicamente seus produtos, visando a mais facilmente identificar seus responsáveis, na amplitude da responsabilidade objetiva e na solidariedade dos administradores.

O avanço nesse campo é primordial, mas não seria completo se não pudesse o consumidor, consciente do seu direito, atingir o grupo econômico e perseguir os responsáveis, solidariamente, na expressão do prejuízo ressarcível.

A relação consumerista, sem dúvida alguma, projeta forte impacto no comércio eletrônico e na necessidade de adequação das ferramentas ao alcance da parte economicamente mais fraca.

Dessa forma, pois, o consumidor mantém conhecimento da disciplina que o ampara, mas, muitas vezes, no campo jurisdicional o tempo trabalha contra a sua pretensão.

O valor da efetividade decorre da solução do conflito, mas o trato com as grandes empresas nem sempre é tranquilo, daí por que o ônus da prova é ponto fundamental, ao lado da responsabilidade na categoria de obrigação de resultado.

Divisada essa relação, a responsabilidade torna-se mais factível, porém, as empresas responsáveis dificultam ao máximo qualquer comunhão de sócios, principalmente na prestação de serviços e nos números divulgados pelos órgãos de proteção ao consumidor.

1.3 Responsabilidade tributária

A cobrança da dívida ativa está disciplinada na Lei 6.830/80, inclusive de forma eletrônica, com emissão da certidão da dívida ativa, submetendo o contribuinte ao pagamento do valor da obrigação.

Nesse leque, sem dúvida, hospeda-se grande celeuma a respeito do campo da responsabilidade tributária e o atingimento da abrangência patrimonial.

A dicção do art. 135 do Código Tributário Nacional, em linhas gerais, implica em reconhecer na responsabilidade direta e indireta, de natureza tributária.

Compreende-se, pois, a responsabilidade solidária, por sucessão, por substituição; no entanto, o cerne da questão consiste em saber o alcance limitado ou ilimitado para a exigibilidade do crédito fiscal.

Propugna-se, de acordo com o entendimento doutrinário, em algumas hipóteses, sobre a necessidade de se estabelecer o contraditório, antes da adoção de qualquer medida constritiva, em detrimento da solvabilidade da empresa.

A hipótese ligada ao grupo empresarial e aos sócios implicaria na dinâmica da intimação para efeito de manifestação, a fim de que posteriormente, expostos os subsídios, o juízo definisse a respeito da constrição.

O enfrentamento da responsabilidade empresarial tributária é polêmico e tormentoso, não apenas em razão da sujeição, tributos diretos ou indiretos, mas, principalmente, pela correlação entre o fato gerador e o aglutinar da responsabilidade dos sócios.

O assunto também pertine à responsabilidade do grupo para cobrir a obrigação tributária, consoante especifica o Código e pontua a legislação, ainda que não conste o lançamento de todos os nomes dos devedores solidários.

Constatando-se que a empresa – devedora, contribuinte tributária – não apresenta patrimônio suficiente à satisfação da obrigação, cumpre ao credor, no caso o fisco, observar e avaliar o prosseguimento e a forma menos gravosa e onerosa.

Dessa forma, portanto, a responsabilidade tributária tem conotação dinâmica, porquanto, a exemplo do que ocorre no refinanciamento (Refis), quando as garantias são prestadas pelos sócios, nada impede que o fisco direcione a execução contra eles.

Natural ponderar que, no contexto da cobrança da dívida ativa, muitas execuções podem ter sido deflagradas contra a mesma empresa, justificando, pelo estágio do procedimento, a reunião dos feitos, para incidir unicidade de constrição.

Em outras palavras, simplificando, quando o fisco executa e promove diversas cobranças, caberá ao executado solicitar a reunião dos procedimentos, e ao juízo, por conveniência e oportunidade, deferimento.

Com tal providência, portanto, a constrição única permite menor gravosidade e também propicia abertura de prazo para oferecimento dos embargos.

Sustentamos que a especificidade da Lei 6.830/80 não impede que os embargos sejam opostos, mesmo sem garantia completa do valor de face, quando existem fundados motivos para gerar iliquidez ou incerteza naquilo exigido.

Exemplificativamente, pois, quando o fisco cobra a soma de 1 milhão de reais e a empresa contribuinte enxerga excesso e destaca que apenas deve 30%, não se visualiza necessidade de assegurar, deferida a penhora de faturamento, garantia plena do juízo para efeito de oposição de embargos.

A responsabilidade patrimonial tributária é tema por demais examinado e disciplinado, principalmente por construções jurisprudenciais, sendo imprescindível analisar se os sócios, à data dos fatos, exerciam funções administrativas ou gerenciais.

Não é incomum acontecer a retirada do sócio antes do fato gerador; assim, qualquer medida constritiva adotada não poderá prosperar, porquanto o sócio, vencido o biênio legal, não participou do ato, e sua saída precedeu a hipótese de incidência.

Verificamos, mostrada essa realidade, que o fisco procura se cercar de todas as garantias patrimoniais na execução da dívida ativa, voltando--se contra a empresa, seus sócios, bens particulares, inclusive contra o grupo econômico.

O fisco não participa do procedimento de recuperação judicial e em alguns estados solicita que a penhora seja feita diretamente em relação aos recebíveis atinente aos cartões de crédito reportadas as operações do contribuinte.

Naturalmente, em princípio, a medida encontra alguma resistência, mas caberá à jurisprudência o desafio de sinalizar se fere direitos de terceiro ou se, pelo conteúdo e seu impacto, pode prejudicar a empresa a ponto de radiografar estado de insolvência.

É bastante comum, também, quando da dissolução irregular, a postulação contra os sócios, mas, além disso, é preciso demonstrar algum aspecto que vincule o administrador.

Na mesma forma, quando a empresa for à falência, tal fato, por si só, não identifica ou possibilita alcançar diretamente os sócios, dado o encerramento legal da empresa.

Aspecto relevante pertine à infração penal tributária, também sujeita à questão do Diploma normativo 8.137/90, na medida em que a circunstância delimita os atos de gestão e de administração.

Houve alteração por meio de medida provisória, cuja finalidade fora de permitir o pagamento do tributo devido antes do recebimento da denúncia, isso porque a legislação em vigor, mesmo depois da sentença condenatória, erigia a causa de extinção de punibilidade, o respectivo pagamento.

O governo, cada vez mais, utiliza do tipo penal tributário como forma de pressão em desfavor do empresário, alterando as regras e priorizando a responsabilização, para que efetue o pagamento antes do início da ação penal.

Uma parte da doutrina, porém minoritária, tenta enquadrar a responsabilidade penal da pessoa jurídica, a qual não seria exclusividade dos crimes ambientais, mas também alcançaria os delitos contra o Sistema Financeiro Nacional, defesa da concorrência, ordem tributária e econômica.

Consequentemente, o entendimento minoritário doutrinário propugna perante as Leis 8.137/90, 7.492/86 e 8.884/94. Em todos esses tipos penais, incidiria a responsabilização da pessoa jurídica.

Contudo, a construção pretoriana entende de forma diversa, conforme teve oportunidade de se manifestar o Ministro José Arnaldo da Fonseca, no HC 43.751, do Espírito Santo, ao sustentar que a penalização da pessoa jurídica não gera conflito diante da clareza do art. 5º, inciso XLV, e art. 225, § 3º, ambos da Constituição Federal.

Nesse diapasão, o Ministro toma por base a lição do Jurista Canotilho, sinalizando que a interpretação do texto constitucional se faz conforme valores, o momento histórico, alcançando o estabelecimento de preceitos e fundamentos vinculantes.

Enquanto, por tal pensamento, a jurisprudência considera responsabilidade penal aquela adstringente ao crime ambiental, a doutrina, lançando luzes, procura dar passos na direção de outros crimes não tipificados da subordinação da pessoa jurídica.

Conquanto a ideia possa ser alvo de alteração legislativa, evidente que no crime contra ordem tributária, sistema financeiro nacional e defesa da concorrência, a tentativa de sujeição da pessoa jurídica à responsabilização mostra elevado senso crítico, porém sem fundamento legal.

Divisada a hipótese, apenas no que toca de perto a Lei 9.605/98 é que haveria perfeito enquadramento do tipo entre o comportamento e a responsabilidade penal da pessoa jurídica.

Efetivamente, não é da tradição do Direito Romano Germânico a imputação de responsabilidade ampla à pessoa jurídica, ao contrário do que ocorre no sistema da *Common Law*; eis porque é muito comum atribuição da pessoa jurídica para proteção do patrimônio e do interesse coletivo.

É também no sistema da *Common Law* que se confere maior eficácia à responsabilização da pessoa jurídica, em determinados delitos, circunstância indelével de sua característica, evitando-se, ainda, a localização dos sócios ou da utilização da pessoa jurídica fraudulentamente, ou na consecução de ato ilícito.

Entendemos que é chegado o momento de uma ampliação do leque de responsabilização, notadamente quando se tutela o interesse público, de conotação coletiva, a fim de que tenhamos maior redução da impunidade, com expressão reduzida de casos sem a respectiva sanção de ordem penal.

1.4 Responsabilidade trabalhista

A submissão à responsabilidade trabalhista é a queda de toque de qualquer atividade empresarial, notadamente em razão de clássica definição dada pelo art. 2º da Consolidação das Leis Trabalhistas.

De fato, dado o contingenciamento de reclamações trabalhistas, as empresas procuram blindar a sua responsabilidade e minimizar os impactos inerentes ao passivo.

Forte nesse aspecto, a responsabilidade trabalhista consiste na aferição dos atos relativos ao vínculo empregatício, o respectivo período, resultando reflexo na órbita das medidas adotadas.

A reclamação individual, ou coletiva, inclusive sindical, poderá desaguar na intervenção da empresa, na gestão pelos empregados, ou na alienação do patrimônio para efeito de pagamento dos créditos trabalhistas.

Essencial ponderar, nessa oportunidade, que o crédito trabalhista assume preferência, em atenção ao concurso, podendo, ainda, existir diversos credores e até mesmo a denominada penhora no rosto dos autos.

Identificada a hipótese galvanizada sob a ótica da responsabilidade trabalhista, assume o grupo econômico comportamento de atender ao comando que vislumbra o alcance de sua presença no pagamento do valor fixado pelo juízo.

É bastante comum a determinação, na apuração da responsabilidade trabalhista, da penhora de faturamento, do estabelecimento, da empresa, e, mais de perto, a desconsideração da personalidade jurídica.

Em termos de desconsideração, cumpre ao juízo, antes de tudo, analisar se o administrador ou gerente, ao tempo dos fatos, tinha vinculação com a sujeição do passivo exigido.

O débito trabalhista, de natureza alimentar, apresenta configuração específica e o seu relevo é realçado, na medida em que prefere aos demais, notadamente quando houver insolvência do devedor.

O estado de insolvência, também transmitido na expressão da falência, classifica o nivelamento dos créditos, consoante o art. 83 da Lei 11.101/05, limitando o teto, de acordo com o espírito do legislador, priorizando o aumento dos interessados e eventual redução de fraudes na criação artificial de credores.

É possível repensar, nesse ponto, o fundamento da coisa julgada e de sua relativização, isso porque o conceito de crédito tributário não é absoluto e as habilitações feitas na quebra, ainda que não encerrem amplo contraditório, poderão obter impugnação e até conferência da respectiva exatidão.

Destarte, a responsabilidade trabalhista impacta diretamente contra a estrutura empresarial, cumprindo ao juízo especializado diligenciar meios para encontrar patrimônio, maquinário, bens móveis ou imóveis, na dicção da responsabilização.

Dificultoso se torna, no conflito entre credores, conciliar seus interesses e ao mesmo tempo preservar a empresa.

Observa-se, em algumas circunstâncias, eventual discrepância em relação à fixação da responsabilidade trabalhista, ou à criação de instrumentos voltados para a prática de incidência da obrigação da sociedade empresária.

Evidente, pois, que os mecanismos de constrição para satisfação da obrigação, todos eles, portanto, estão sujeitos ao ditame da menor onerosidade e gravosidade, o que não significa, em absoluto, infirmar o conteúdo da sentença judicial.

A responsabilidade trabalhista, sem a menor dúvida, constitui-se na pedra de toque da conceituação para uniformização do tema abordado.

Em outras palavras, a Justiça Especializada, muito frequentemente, toma iniciativa e relativiza o conceito da limitação da responsabilidade, para abarcar indistintamente os sócios.

Sobressai, em outros aspectos, a responsabilidade objetiva quando o empregador deixa de supervisionar, ou se omite, na consecução de eventual acidente laborativo.

1.5 Responsabilidade empresarial

O direito dos negócios, na economia globalizada, trouxe ferramental inerente ao comportamento da responsabilidade empresarial na modernidade.

Quando se cogita da responsabilidade societária, de ordem empresarial, procura se definir seus efeitos e sua própria extensão ao grupo.

Na dinâmica dos atos empresariais, nos deparamos com dupla realidade: a situação defasada da análise judicial enfrentando o conflito e aquela que versa a modificação constante da empresa.

Nesse sentido, o Código Comercial, do ano de 1850, teve a sua parte primeira totalmente revogada pelo atual Código Civil; assim, com a eliminação da dualidade entre obrigação comercial e obrigação civil, aglutinou-se o perfil que caracteriza a responsabilidade subjetiva.

A importância que sobressai descortina o núcleo da responsabilidade empresarial pura e aquela vinculada a qualquer outro negócio, como mencionamos nas análises pretéritas; assim, sempre será fundamental, na depuração do quadro, deflagrar qual o procedimento que incide a responsabilidade, de ordem objetiva ou subjetiva.

Normalmente, as sociedades empresárias, principalmente as limitadas, não estão submetidas, a exemplo do direito estrangeiro, ao chamado capital mínimo. Isso significa, invariavelmente, que nos colocamos num descompasso entre a atividade empresarial e o capital integralizado.

Exemplificativamente, uma incorporadora no ramo imobiliário, tendo pela frente imóveis, ao preço médio de mercado em torno de 5 milhões de reais, apresenta capital social integralizado de R$ 500.000,00.

Obviamente, trata-se de uma lacuna de legislativa societária não preenchida pelo atual Código Civil, a exigir correta aplicação da regra de incidência.

Num primeiro momento, a responsabilidade empresarial dirige-se contra a sociedade limitada e aquela anônima, ambas muito em voga e bastante utilizadas.

Não podemos, contudo, em razão do Simples Nacional, Lei Complementar 123/06, esquecer as empresas de pequeno porte e as microempresas; temos ainda hoje a figura do microempresário.

No contexto plural da atividade empresarial, ainda que o capital social não seja correspondente, porém integralizado, cabe à sociedade ressarcir o prejuízo de forma objetiva ou conforme o art. 186 do Código Civil.

Não possuindo patrimônio, questiona-se a inclusão dos sócios, a desconsideração da personalidade jurídica e a extensão dos seus efeitos.

Indiscutível, ainda, que o grupo econômico, societário ou definido empresarialmente, em qualquer de suas formas, portanto, assume a responsabilidade pela obrigação, existentes o elo e o vínculo comprovado.

Na concepção do estilo empresarial, as empresas de franquia, de arrendamento mercantil, concessionárias e de outras naturezas, principalmente aquelas que possuem obrigação de resultado, deparam-se com a responsabilidade objetiva inerente.

É o que se verifica no transporte aéreo de passageiros, quando a companhia tem a obrigação de levar o passageiro, que adquiriu o bilhete, de sua origem até o destino.

Não havendo força maior ou caso fortuito, a título de excludente de responsabilidade, cabe à empresa indenizar, nos limites do contrato e sujeita à relação de consumo.

Consideram-se, também, no grupo empresarial, as atividades desenvolvidas pelas instituições financeiras, e ainda seguradoras, as quais possuem escopo próprio, interligadas com administradoras, consórcios e demais entidades prestadoras de serviço.

Não se pode esquecer também de que, submetidas à regulação própria, as entidades de planos de saúde, as quais, ligada pelo contrato de adesão, também assumem responsabilidade pela qualidade, pela capacitação profissional e pelo resultado colocado em prol do consumidor.

O leque plural das atividades empresariais fez surgir nesse campo a grande controvérsia em torno da responsabilidade, mais de perto a inserção de elementos para a excussão patrimonial.

Não se desconhece o núcleo de operações societárias, casamentos e descasamentos, coligadas, controladas, subsidiária integral, tudo na concepção específica, porém sem desnaturar o alcance previsto no Código Comercial e no atual Código Civil.

Consolidadas as ideias, veremos, em seguida, os respectivos instrumentos e as demais medidas aplicadas, em termos de responsabilidade empresarial, na discussão do crédito, em concurso de credores, colimando a satisfação da obrigação e a localização de acervo compatível com a exigibilidade do crédito.

As transformações vivenciadas no final do século XX e no início do século XXI permitiram concluir a respeito da solidez da atividade empresarial; porém, em termos de responsabilidade, sempre se esbarra em alguma regra formal ou incompleta, prejudicando o encontro de patrimônio.

É precisamente nessa circunstância que desenvolveremos os instrumentos colocados à disposição dos credores para assegurar o crédito, e no espírito do legislador alcançarem, sem outros traumas, a integral satisfação da obrigação.

Conclui-se, portanto, que o desenho societário implica na reengenharia de instrumentos que combatem toda e qualquer conduta que visa, sobretudo, a blindar a responsabilidade patrimonial, inclusive dos sócios, porquanto a natureza subjetiva, configurando o grau de culpa, alicerça ainda o pressuposto de ordem objetiva, construções modernas edificadas para o equilíbrio do contrato e a plausibilidade, em caso de prejuízo, do eventual ressarcimento.

Referido princípio geral aplica-se aos sócios, uma vez que a natureza subjetiva, descortinando o grau de culpa, hospeda o pressuposto de ordem objetiva, construção moderna destinada ao equilíbrio do contrato e a plausibilidade, comprovado o prejuízo, do seu ressarcimento.

2

Usufruto de Empresa, Imóveis e Móveis

2.1 O significado do usufruto e seu alcance

O Diploma normativo 11.382/06 não revogou expressamente o usufruto judicial, abrindo espaço para o acervo de bens móveis, cuja preocupação fundamental também cogita de usufruto do imóvel, circunstância essa que, analogamente, implica em reconhecer a extensão e o alcance dos arts. 716 a 724 do CPC.

O próprio art. 1.147, parágrafo único, tratou de disciplinar usufruto de estabelecimento, de forma concreta, não discrepando daquela genérica relativa à própria empresa.

Forma de pagamento própria ao credor, o usufruto de bens (móveis e imóveis) é instituto pouco utilizado na prática processual, haja vista a sedimentação dos usos e costumes.

O aspecto primordial tem sua disciplina no art. 708, inciso III, do CPC, quando admite, a título de pagamento do credor, o usufruto do bem imóvel ou de empresa.

Focamos nosso ponto de vista na atividade empresarial, para sustentar que o usufruto representa a retirada de rendimentos compatíveis com o negócio e no interesse do credor.

Afirma-se que a penhora é forma segura de se delimitar o rendimento proveniente a favor do usufrutuário, de toda maneira passa sobre o crivo judicial e análise técnica.

A pulverização do controle implica que exista uma dissociação entre a nua propriedade (devedor) e o usufruto (credor); emblematicamente traduz, de maneira clara, procedimento voltado ao recebimento do crédito.

A previsão legal está sinalizada a partir do art. 716 e seguintes do Código de Processo Civil, desenhando retrato atinente à constrição em prol do usufrutuário.

Não se trata da perda da propriedade, assim considerada, mas de restrição, a qual implica favorecimento do usufrutuário, até recebimento integral do próprio crédito.

Verifica-se, pois, do leque descortinado, que o usufruto patrimonial enraíza sua atividade negocial lucrativa, pontuando o modelo de recebimento dos recursos catalisando o crédito sob a égide *pro solvendo*.

Desenvolve-se a execução, a rigor, de modo menos oneroso ao devedor. Sendo assim, a expressão *usufruto de bens* divisa limitação para que o usufrutuário, por meio de análise técnica, tenha possibilidade de receber a soma exigida.

O usufruto poderá denotar forma ampla, ou apenas específica, conforme o estabelecido por decisão judicial, prevalecendo em relação a terceiros.

O usufruto dos bens, diga-se de passagem, pode encerrar, portanto, toda atividade empresarial do grupo, ou apenas de alguma unidade, ainda um determinado setor produtivo, considerando sua conotação multipolar, individualizando o setor rentável, dentro das características do retorno que permeia a responsabilidade obrigacional.

A amplitude da medida será determinada, haja vista o norte do crédito pela correlação entre obrigação perseguida e o montante da dívida atualizada.

Vislumbramos forma de penhora da atividade coletiva empresarial, assim considerada por intermédio do usufruto patrimonial, de maneira a possibilitar, fixado o seu balizamento, recurso destinado ao pagamento do crédito.

Existem casos concretos nos quais a dívida é exclusivamente do sócio, e não da empresa; assim, a restrição estará ao alcance daquela participação que houver efetivamente na sociedade.

De uma maneira geral, a sociedade empresária busca o lucro e tem conotação mais específica na perspectiva de limitada ou de sociedade anônima, envergando as formas mais comuns de atividades empresariais utilizadas.

Bem coerente afirmar, portanto, que o usufruto patrimonial, previsto e regulamentado no Código de Processo Civil, espelha maneira concreta de pagamento do valor da obrigação líquida, certa e exigível.

Procede-se ao decreto de usufruto de bens, diante da presença do crédito municiado, por meio de decisão, cuja publicação terá eficácia e validade perante terceiros.

Importante ressaltar que o usufruto dos bens tem caráter temporário e, fundamentalmente, visa a proporcionar ao credor alternativa concentrada e segura de receber o valor que exige no título encerrando cobrança.

Nessa linha de raciocínio, reveste-se o usufrutuário de todas as formas e maneiras, para extrair frutos e rendimentos voltados para satisfação do crédito, dentro de um planejamento, verificação dos ativos e a situação do passivo empresarial.

2.2 Limites e tipo de empresa

Assinalamos que o usufruto de empresa, mais de perto, adstringe-se às sociedades empresárias, definindo-se aquelas catalogadas no atual Código Civil e na lei do anonimato.

Dessa maneira, a decretação do usufruto dos bens também leva em conta o porte do negócio, o capital social, sua integralização e a situação peculiar da atividade.

Enfatizamos a necessidade de se verificar a posição de liquidez da empresa, para se evitar conflito com eventual recuperação judicial ou concurso de credores, aparando as arestas.

A deliberação sobre o usufruto produz efeito em relação ao devedor-executado, mais ainda frente a terceiro; para tanto, é fundamental a publicação da decisão que autoriza a medida.

Caberá ao juízo analisar o limite do usufruto e, com fundamento e dado técnico, observar a sua prática na restrição conferida e sua duração.

Com efeito, decretado o usufruto por tempo limitado, o juízo nomeará administrador, exercendo idênticos poderes inerentes ao usufrutuário.

O administrador poderá ser o próprio credor, ou o devedor, bastando o consentimento; entretanto, se não houver, repousará a solução dada pelo juízo para escolha de técnico da estrita confiança, mediante habilitação.

Nota-se posição nada atualizada do legislador e exige-se anuência do devedor, ou do credor, para que se estabeleça a figura do administrador judicial.

Presente o dissenso entre ambos, o juízo, para solucionar o impasse, nomeará administrador judicial no exercício do encargo de usufrutuário e com as mesmas prerrogativas.

Mencionado administrador judicial elaborará relatório atinente à sua atividade, remuneração, forma, e o prazo durante o qual exercerá o múnus.

Veja-se, a propósito, que referido administrador judicial poderá levantar os dados e demais subsídios que representam avaliação dos frutos e rendimentos.

O propósito da medida é de verificar o tempo necessário para que se possa satisfazer a obrigação e consequente pagamento da dívida.

Bem nessa dicção, pois, quando o administrador for o devedor ou o credor, exigir-se-á a nomeação de perito avaliador, colimando aferir frutos e rendimentos e o prazo para adimplemento da obrigação.

De fato, se a dívida representa, por exemplo, a soma em torno de um milhão de reais, cujo usufruto mensal desloca a importância em torno de 50 mil reais, na equivalência descrita, no mínimo, serão necessários 20 meses para o pagamento da dívida ou sua renegociação.

Trata-se de prazo reconhecidamente longo, o qual determinará as providências pelo administrador, porém sem muita segurança, uma vez que a atividade empresarial sofre impactos de toda a natureza, mesmo imprevisíveis.

Radiografada a forma societária e o limite do usufruto especificado pelo juízo, alcançando a empresa, conforme a modalidade e a categoria responsável atinente ao pagamento da obrigação.

Ao invés de se constritar diretamente a empresa, o usufruto permite um planejamento mais adequado, para conciliar os elementos reunidos visando o pagamento parcelado, sem afetar a continuidade do negócio empresarial.

Decorre da penhora do prédio, em várias circunstâncias, quando for levado a leilão, a perda da unidade produtiva, única na espécie, o que invariavelmente acontece quando os bancos executam a garantia hipotecária, desabrigando a empresa e desprotegendo seus empregados.

A racionalização da medida, portanto, integra a finalidade do ato praticado e traz, no seu conteúdo, a tônica dos critérios da razoabilidade e proporcionalidade na efetivação da medida.

2.3 A posição do credor e o negócio empresarial

Compete ao credor priorizar a medida tendente ao usufruto patrimonial, para que seja viabilizada e lhe proporcione, ao longo do tempo, numerário destinado ao pagamento do crédito.

Evidencia-se, portanto, à luz do art. 718 do CPC, a questão do usufruto da empresa e a possibilidade da nomeação do administrador, na qualidade de depositário, em razão dos bens alcançados, se houver recusa do sócio responsável.

Hipóteses aparecem, nas quais a constrição recai sobre as quotas da sociedade limitada e ainda sobre os rendimentos da atividade empresarial.

Nessa perspectiva, em linhas definidas, o usufruto de empresa obedece, basicamente, ao sentimento ditado pelo credor e ao princípio universal da preservação da empresa.

Percebe-se, de maneira clara, portanto, que o usufruto transfere para o usufrutuário todos os frutos e rendimentos da exploração da atividade empresarial abrangidos pela decisão.

Imaginemos, exemplificativamente, que a empresa sob o regime de usufruto tenha imóvel locado. Referido locativo será utilizado para pagamento da obrigação a favor do usufrutuário, parcial ou integralmente, desde que não represente risco à continuidade da atividade empresarial.

Permite-se, assim, seja pago diretamente o aluguel a favor do usufrutuário, ou se houver administrador, a ele compete, mediante transparência, gerir o recurso e apresentar a entrada do valor no relatório judicial apresentado.

Ponto palpitante diz respeito à viabilidade do negócio e os poderes do usufrutuário, sem afetar a liquidez e a solvabilidade da atividade empresarial.

Indaga-se, pois, a oportunidade do usufrutuário de arrendar ou locar o bem imóvel, no sentido de conciliar a atividade empresarial com maior rentabilidade para efeito de usufruto.

A matéria exige conceito técnico e rigorosa avaliação no propósito de chegar ao conhecimento do juízo a dinâmica do negócio e alternativas do usufrutuário.

Exceto se houver a delegação do credor, melhor se afigura que o administrador judicial assuma a atividade e sugira ao juízo formas alternativas de melhor remunerar e, consequentemente, adimplir a obrigação.

As vantagens inerentes ao usufruto são aquelas pertinentes à lucratividade do negócio e a consciência de gestão, facilitando aspecto diretivo e retorno seguro.

Extrai-se do pensamento que o credor não é exclusivo interessado para adotar unilateralmente qualquer medida, sempre exposto à transparência da realidade do negócio empresarial, na dicção da preservação da empresa.

Muitas vezes há pluralidade de credores, de penhora, aparecendo a figura do concurso e a necessidade de se estabelecer critério para unificar o procedimento.

Forte nesse aspecto, ao ser decretada a medida e nomeado administrador judicial, a primeira providência será a de apresentar um plano e aferir os rendimentos provenientes.

Essa situação hospeda o equilíbrio e menor onerosidade desejada, critério de logicidade, dando proporcionalidade na presença de elemento que configure a responsabilidade.

Acaso a empresa atravesse período difícil, mesmo de crise, a questão que se coloca diz respeito à modificação da medida, no intuito de não comprometer a sorte do negócio.

Entendemos plausível uma desaceleração do usufruto, ou suspensão provisória, enquanto a empresa enfrentar dificuldade, no sentido de sua preservação e posterior continuidade pelo administrador judicial.

2.4 Usufruto provisório e suas consequências

Frisamos que o usufruto é medida transitória e de natureza provisória – somente vigora enquanto não satisfeita a obrigação, no interesse do credor da viabilidade da empresa.

Pontuando a matéria, portanto, o usufrutuário busca a proximidade e o conhecimento real dos informes da empresa para solucionar o impasse.

Significa dizer que o credor, acaso aceito administrador, poderá transitar pela empresa e colher seu balanço e demais informes destinados à satisfação da obrigação.

A medida irá preponderar, prevalecer, até o momento em que o executado espera recursos para honrar a obrigação, integrando o principal e os acessórios decorrentes da mora.

Nota-se que a eficácia em relação a terceiro é proveniente da publicação, não apenas para que não se alegue ignorância, mas, substancialmente, para visar à inibição prática de ato fraudulento.

Com razão, a provisoriedade do usufruto patrimonial edifica o conceito que alimenta o interesse do credor na extração dos rendimentos e frutos para recebimento da obrigação.

O art. 722, § 1º, do CPC, possibilita, uma vez realizado o laudo e mediante manifestações, decisão do juízo a respeito do usufruto, com a expedição de carta para averbação no respectivo registro.

Dessa maneira, tomando conhecimento acerca do rendimento e do prazo de sua duração, o juízo expedirá carta que será averbada no registro público de empresa.

Compreende-se, também, que a respectiva averbação constará do fólio imobiliário, não apenas no interesse do credor, mas para efeito de conhecimento de terceiros.

Usufruto de empresa empresta significação útil e muito prática na delimitação do seu objetivo, porque proporciona o aprofundamento a respeito da liquidez da atividade negocial.

Expedida a carta visando à averbação, dela constarão cópias do laudo e da própria decisão, no sentido de conferir transparência e permitir conhecimento de terceiros.

Estabelecido o norte da matéria, verifica-se, sem sombra de dúvida, que o usufruto de empresa tem duração limitada e se destina à circunstância básica dos rendimentos auferidos.

As consequências da medida são irradiadas em relação a terceiros, mediante averbação, o próprio registro, tanto imobiliário, como aquele de empresa.

Na realidade, qualquer empresa submetida ao regime de usufruto encontrará alguma dificuldade no acesso ao crédito e na flexibilização dos seus negócios.

Entretanto, caberá ao usufrutuário analisar a radiografia do modelo para se cogitar de sua permanência ou se o custo-benefício for insignificante.

Poderá a medida judicial decretada não surtir o desejado efeito, provocando concurso e outras restrições que limitam os próprios rendimentos.

Impõe-se, pois, constante exame da repercussão da medida, consequência prática e, propriamente, a efetividade, em termos da obrigação cumprida.

Baliza-se uma correspondência entre o usufruto provisório e a satisfação do crédito pretendido, dentro de uma previsão, de um relatório concreto, cujas mudanças dependem do quadro observado.

Isso pode representar, sem sombra de dúvida, pulverização de frutos e rendimentos ao longo do tempo, circunstância que deverá exigir do juízo acurada análise técnica objetivando aparar o conflito.

Discute-se, na prática, se a modalidade do usufruto não estaria em desuso, em virtude de outras medidas mais eficazes, a exemplo da penhora de empresas, de quotas, de faturamento e do próprio estabelecimento.

Sublinhamos que o legislador, após inúmeras reformas feitas no Código de Processo Civil, revogou alguns dispositivos pertinentes ao usufruto de empresa, porém manteve sua espinha dorsal.

O requerimento da medida pertine ao credor, e o conteúdo de sua análise diz respeito ao administrador nomeado, no tocante à avaliação do conjunto patrimonial, sob a ótica econômica e contábil.

O substrato do usufruto, em sentido amplo, repercute nas demais dívidas judiciais mencionadas. Porém sua especificidade é inegável, principalmente porque deita raízes no revogado Código de Processo Civil de 1939.

2.5 Causas e circunstâncias de extinção do usufruto

Ponderamos, com toda evidência, que o usufruto segue o ritmo da atividade empresarial e pode ter cessado a sua eficácia por razões naturais ou provocadas.

Na primeira corrente, pertinente, pois, à cessação natural, pode estar inclusa a satisfação da obrigação, ou algum outro meio de novação para fins de adimplemento.

Não teria, portanto, o menor sentido se prosseguisse no usufruto de empresa, quando o devedor, integralmente, honrou a obrigação, remanescendo prejudicada a medida.

Ao cabo da duração do período do usufruto decretado, insta dizer que o usufrutuário, na hipótese, o administrador judicial, revelará ao juízo a duração prevista na medida.

Não é desinfluente salientar, ainda, que mútuas concessões poderão ocorrer durante o transcurso de usufruto de empresa, a título de dação em pagamento, renúncia, ou qualquer outro fator que implique na revisão da medida.

Consequência prática, portanto, sendo natural a extinção do usufruto, o juízo determinará a respectiva desaverbação do registro imobiliário e do registro de empresa.

A cessação da medida implica efeitos positivos, por não haver mais restrição, ou conhecimento de terceiro, em atenção à consequência adjetivada do usufruto de empresa.

As circunstâncias que modelam extinção provocada podem ser classificadas decorrentes das manifestações das partes ou do administrador judicial.

Quando a empresa requerer recuperação judicial, ao menos durante 180 dias – seis meses –, nenhum ato poderá ser praticado que viole seu estado de blindagem.

Bem nessa diretriz, verdadeiro salvo-conduto, recuperação judicial decretada impede que se prossiga no usufruto de empresa, o que não impede, ao credor, de ter seu saldo habilitado naquele procedimento.

O próprio devedor poderá, alternativamente, oferecer modalidade distinta de pagamento a liberar o usufruto de empresa, por meio de depósito judicial, dação em pagamento, transferência de quotas, tudo o que possa comprometer o prosseguimento do usufruto.

De modo semelhante, o credor, não tendo mais interesse na medida, verificando que o custo-benefício não é de molde a propiciar sua continuação, requererá seu término, sem, contudo, abrir mão do saldo remanescente.

Importante ressaltar que, durante o estágio do usufruto de empresa, se houver dificuldade ou qualquer outra relação, o próprio administrador poderá cogitar da suspensão da medida até que se restabeleça o pleno estágio de liquidez do negócio.

Podem surgir também outros fatores, dentre os quais concursos de credores, em relação ao usufruto de empresa, ou determinada penhora, até trabalhista, incidente sobre a atividade empresarial.

Sobredito concurso de credores, ou de penhora que incida sobre o usufruto, sem sombra de dúvida, encerrará medidas práticas de transparência e conhecimento de terceiro.

Observa-se, pois, havendo concurso de credores sobre o usufruto de empresa, é fundamental a harmonia a ser buscada na partilha isonômica ou não dos haveres.

Dessa maneira, se o juízo trabalhista determinou a medida e também o juízo comum, na tutela dos credores reclamada, vislumbra-se eventual conflito a ser dirimido.

A medida que decreta o usufruto de empresa, nada obstante exista referência à expressão sentença que nomeia o administrador, é suscetível de agravo de instrumento, com propósito do reexame do tema.

Vimos, por tal ângulo, que o usufruto de empresa é medida bastante esquecida e raramente manuseada na interpretação feita pela jurisprudência, principalmente pela analogia com os demais institutos jurídicos.

Forte nesse aspecto, o usufruto de empresa não se limita ao creditamento de soma no interesse do titular do crédito, mas sim na expressão que possa avaliar a verdadeira realidade do negócio e o custo-benefício da medida.

Ressalte-se, na oportunidade, que, apesar da publicidade do usufruto de empresa, ele não engessa a atividade, tem definição específica, adjetiva transparência, exige o registro e comporta nomeação de administrador para dirimir os pontos pendentes.

A referida avaliação que norteará o registro da carta é feita *rebus sic stantibus*, haja vista o estado de desenvolvimento da atividade empresarial e eventuais modificações supervenientes.

Prevalecerá o estado de usufruto em prol do credor, contingenciando recursos, sem debilitar a empresa, mas por representar equação econômico-financeira favorável ao credor.

Estigmatiza-se, na radiografia desenhada, atavismo processual que se prende à disciplina do instituto, e as modificações próprias da reforma do Código de Processo Civil.

No entanto, sem onerar o devedor, reveste-se o usufruto de empresa da própria dissociação de sua titularidade, em todos os sentidos, com reflexos imediatos.

Basta se admitir usufruto acionário para que o credor venha a perceber dividendos, juros, eventuais bonificações, tudo redimindo a sua posição e permitindo a satisfação do crédito integralmente.

Restrição temporária, mas efetiva, a medida que consolida o usufruto de empresa registra tendência de marcar posição do credor e singularmente fixar os limites voltados para o recebimento da obrigação.

Conquanto moderna reforma do Código de Processo Civil tenha priorizado de maneira singular, o usufruto de bens móveis e imóveis, por si só, não retirou a importância da medida e seu efeito prático para preservação do negócio empresarial.

Em linhas gerais, a constrição é assunto que diz respeito à obrigação, tocando de perto a universalidade de bens, respondendo pela existência do negócio jurídico subjacente.

Verifica-se, concretamente, que o usufruto classifica uma participação, a qual não afeta a situação da empresa e muito menos prejudica sua concorrência junto ao mercado.

É faculdade do credor oportunizar a medida, e ao juízo, presentes os elementos, disponibilizar os meios, propiciando a respectiva fruição, com efetividade, dentro do espírito de transitoriedade.

3

Penhora de Quotas e Ações

3.1 O sentido da quota e o alcance da ação

Confere o legislador pátrio, de maneira expressa, no art. 655, inciso VI, do CPC, a viabilidade da constrição recair em quotas de limitada ou ações de companhia.

Na vertente conhecida, ao menos em relação à quota, antes da previsão existente, havia fundada dúvida na sua possibilidade e os efeitos práticos da medida.

Entretanto, dissipada a ideia do credor, ato contínuo, ingressar na sociedade limitada, fato é que a penhora de quotas constitui instrumento muito usual e bastante costumeiro na excussão do crédito.

Significa a constrição de quotas a verificação patrimonial da empresa, uma espécie de indireta apuração de haveres, com a nomeação de perito avaliador objetivando apurar o preço de mercado, a exemplo do balanço especial.

Não obtendo o credor êxito em localizar patrimônio, principalmente via constrição Bacen *on-line*, ou por intermédio da desconsideração da personalidade jurídica, torna-se concreto o aspecto da constrição de quotas.

A dívida, necessário frisar, pode pertencer à sociedade ou à pessoa física do sócio, a qual no patrimônio individual não possui bens voltados à liquidação da obrigação.

Ponto relevante que deve ser destacado, de modo enfático, sinaliza a questão da solvência da empresa, refletindo na própria avaliação da quota e na apuração dela no capital social.

Evidente, pois, a importância da integralização do capital, em numerário, bens, ou conferência de imóvel, para mapear a real participação dos sócios na sociedade limitada.

Estando a sociedade empresária enfrentando estado de crise, a penhora de quotas, em tese, praticável, não se afigura medida eficiente, porque a situação geral do balanço determinará endividamento.

Dessa forma, ainda que exista remota possibilidade de ingresso do credor na limitada, a sua crise, por si só, não alimenta a perspectiva de se prosseguir na constrição da quota.

Com razão, antes de tudo é preciso ter conhecimento a respeito da liquidez da empresa e a situação do sócio, respectiva quota integralizada.

As quotas representam o mecanismo de participação na formação do capital social e servem para representar a estrutura econômico-financeira da sociedade limitada.

Uma vez formalizada a penhora de quotas, lavrado o auto, necessário conste do registro público de empresa, para conhecimento de terceiro, e até eventual bloqueio de qualquer alteração societária.

De fato, a constrição da quota deve permear série de providências voltadas à alienação judicial, cujo direito de remir da empresa é irrecusável.

Na dicção abordada, portanto, no desenho da sociedade limitada disciplinado pelo atual Código Civil, a penhora de quotas não pode ser medida usual, mas sim, que foge à regra da normalidade, porque implica em medidas paralelas para sua consecução.

Explica-se em outras palavras, o credor deverá ter noção exata da medida, cabendo ao juízo nomear perito de sua confiança, em termos de avaliação, designação de praça e eventual adjudicação pelo interessado.

Haverá uma perfeita definição do quadro societário e o valor da quota penhorado, não significando intromissão do credor ou terceiro no seio societário.

Normalmente, a alienação judicial da quota, em linhas gerais, pode representar a retirada do sócio, alteração do capital social, ou a faculdade da sociedade de remir e adquirir, em público leilão, aquela participação.

Objetivamente, não está a sociedade obrigada a aceitar o credor ou terceiro arrematante para seus quadros, podendo livremente proceder à alteração societária e consequente modificação do capital social.

Essa posição foi por nós expressa[1] quando elaboramos trabalho a respeito do tema, traduzindo o significado da quota do *status socii*, permeado da transparência da avaliação, e a perspectiva do leilão, haja vista a reforma da legislação processual civil.

No que diz respeito à penhora de ação, cuja previsão legal é manifesta, o importante a ser verificado é a natureza da companhia, de capital aberto ou fechado.

Tendo operação em bolsa, mercado primário ou secundário, uma vez realizada a penhora, além da intimação do devedor-executado, fundamental constar da custódia, para fins de bloqueio, em relação à entidade custodiante e ainda à corretora que opera o papel e a própria bolsa.

Na vertente de se tratar de ação negociada junto ao mercado, lavrada a penhora, propugna-se pelo preço atual praticado. Assim, se o credor quiser adjudicar, será utilizado o montante da lavratura do auto; caso contrário, destinar-se-á ao certame judicial, independentemente de avaliação, valendo o preço do dia do pregão.

Acaso se trate de companhia fechada, portanto sem título em bolsa, a necessidade correspondente analogamente àquela desenhada na quota, sujeitando-se à avaliação para se cogitar do valor patrimonial condizente.

Em ambas as hipóteses, penhora de quotas ou de ações, o credor projeta o recebimento do valor, mas se não for suficiente para liquidar a obrigação, poderá prosseguir em atenção ao saldo remanescente.

3.2 Limites da constrição

Dissemos que a penhora efetuada sobre as quotas ou ações não consubstancia medida comum, por afetar e repercutir no próprio negócio societário.

Em virtude dessa circunstância, exauridos os demais meios de constrição, todos frustrados, o surgimento da medida encontra apoio na forma de se localizar patrimônio e definir a posição do credor.

Na abordagem de Jorge Lobo[2] superada a instabilidade do Decreto-lei 3.708/19, no regime do Código Civil em vigor, a penhora da quota dos

---

[1] ABRÃO, Carlos Henrique. *Penhora de quotas de sociedade limitada*. 3. ed. São Paulo: Leud, 1996.

[2] LOBO, Jorge. *Sociedades limitadas*. Rio de Janeiro: Forense, 2004.

sócios representa a forma pela qual o credor tenta garantir a excussão patrimonial de modo a apurar valor compatível com o crédito.

Cabe ao credor optar pela liquidação da quota ou sua penhora, entretanto, para evitar excesso, ou desvirtuamento da medida, são necessárias restrições ao alcance da melhor interpretação do instituto.

Na perspectiva do crédito, não se pode, de antemão, querer a penhora integral das quotas se o valor suplanta, e muito, aquele da obrigação.

A propósito, a partir da avaliação é que se configura quadro seguro para a redução da constrição e restabelecimento do equilíbrio entre credor e devedor.

Ademais, quando a sociedade estiver sendo responsabilizada pela dívida, não se justifica, em demasia, constrição de todas as quotas, indistintamente, se apenas aquela majoritária for suficiente à satisfação do crédito.

Queremos caracterizar a forma de participação societária em outra empresa, ou quotas em tesouraria, adquiridas pela sociedade e ainda não negociadas, ou distribuídas entre os sócios, influindo no aumento do capital social.

É preciso detalhar, na oportunidade, se o sócio atingido tinha algum poder diretivo ou de gestão; caso contrário, em tese, não se justificaria a penhora de sua quota.

Suponhamos que numa sociedade limitada, formada por três sócios, entre eles se estabeleça a seguinte divisão no seio societário, o primeiro, com 60%, o segundo, com 35% e o último com participação de 5%.

O respectivo capital social integralizado alcançaria a soma de R$ 100.000,00, cujo crédito cobrado, naquele procedimento, representaria a importância de R$ 50.000,00.

Fundado no exemplo mencionado, bastaria a penhora da quota do sócio majoritário, do exercício da gerência, para que o credor recebesse integralmente o valor da obrigação.

Sobredita análise é indispensável, na medida em que, quando se cuida da responsabilidade societária, nota-se, invariavelmente, requerimento que alcança, indistintamente, todos os sócios, sem antes análise do cargo ocupado, ou de se tratar, simplesmente, de minoritário.

Extrai-se dessa conjuntura a crítica que deve ser feita quando se utiliza a penhora de quotas, a título de instrumento de pressão, sem qualquer identidade ou sintonia com a vertente do processo.

Bem por isso, os limites não podem ser ultrapassados ou violados, seguindo-se os critérios da razoabilidade e proporcionalidade.

Inexistindo, de antemão, qualquer pressuposto objetivo que transmita ciência acerca da medida, a partir da avaliação o juízo terá noção e conceito próprios para deliberar sobre a redução ou outra medida.

Não é incomum ainda se verificar que a penhora de quotas possa alcançar sócios que não mais participem, saíram muito tempo atrás, ou não exerceram cargo administrativo relevante.

Nessa hipótese, nada impede a alegação de exceção de pré-executividade, no viés de demonstrar nenhuma responsabilidade e a falta de averbação comprobatória da retirada.

Pontuamos, pois, quando decretada a constrição da quota, ou da própria ação, valor mobiliário, a prioridade de se coadunar o escopo com os aspectos patrimoniais da excussão, sob pena de ocorrer lesão.

Nada obsta a pluralidade de penhoras, em tese viável, diante do crédito excutido e o valor patrimonial representado, dependendo de avaliação, feito balanço especial.

Sustentamos que a penhora de quotas não se faz plausível, quando a empresa se encontra sob o regime de recuperação judicial, a uma, pela crise transitória, a duas, pela eventual possibilidade de adjudicação, assumindo o risco do prejuízo, por último, pode abalar e afetar a própria estrutura do plano aprovado em assembleia de credores.

Não se pode esquecer ainda do passivo trabalhista, fiscal, os fornecedores, contingenciando aspectos muito precisos que espelham a possibilidade ou não da constrição.

3.3 Registro público da penhora e das ações – alterações societárias

Uma vez efetuada e deliberada a medida da constrição judicial, envolvendo a quota de limitada, na ação de companhia, aberta ou fechada, certo se torna dar publicidade do ato para conhecimento de terceiro.

No caso das quotas de limitada, o juízo o comunicará ao registro público, Junta Comercial, no propósito de averbar a constrição e inclusive bloquear alteração prejudicial ao credor, sob pena de configurar fraude.

É de extrema importância tornar público o aspecto funcional da constrição, tanto para as quotas, e ainda as ações, no propósito de assegurar transparência em relação ao procedimento do certame.

Compete ao credor, portanto, diante da constrição deferida, requerer a expedição de ofício, no propósito da averbação e eventual impedimento de modificações do quadro societário.

Trata-se de verdadeira fotografia tirada no momento da constrição e averbação, para se cogitar da avaliação e qualquer ato praticado em detrimento da posição do credor.

Acaso a sociedade venha a reduzir o capital e diminuir a chance do credor receber o valor da obrigação, posteriormente à averbação realizada, o ato é manifestamente fraudulento, cuja ineficácia poderá ser declarada pelo juízo.

No tocante às companhias, sob a forma de sociedade anônima, o registro público tem conotação acessória ou secundária, uma vez que os principais órgãos para efeito de comunicação seriam aqueles de custódia, corretora, e a própria bolsa, colimando bloqueio e impedimento de negociação.

A razão de ser da averbação tem mais sentido no seio da sociedade anônima fechada, não dispondo de mecanismo de negociação do título, donde se tratar de entidade cujo valor será apurado por meio de avaliação.

Reafirmamos que a penhora de quotas pode implicar na inibição de qualquer medida que deflagre alterações societárias, prejudiciais ao credor, não se confundindo com aquela que decorre da venda judicial ou adjudicação em certame marcado.

Na esteira da sociedade anônima, a simples aquisição privada, ou em leilão, eventual adjudicação, ainda arrematação, quando aberta, não provoca, portanto, modificação societária.

Contrariamente, companhia fechada, cuja ação fora alienada judicialmente e não havendo interesse da companhia em remir, fato é que a alteração societária deverá ser procedida.

Compete ao Registro Público anotar e averbar a constrição, inclusive para inibir alteração societária e dar conhecimento ao público dessa realidade.

Não podem aqueles que negociam com a sociedade empresária alegar desconhecimento, quando, por determinação judicial deflagrou--se averbação, principalmente para deixar transparecer dívida impaga.

Bem nessa situação, a omissão ou a demora da averbação, referidas condutas refletem a própria responsabilidade da atividade delegada, acaso terceiro de boa-fé venha a ser prejudicado, comprovando-se o nexo causal.

3.4 Excussão de quota e ações – avaliação

Exceção feita ao valor mobiliário de companhia aberta, nas demais hipóteses, será necessária a respectiva avaliação, por perito nomeado, objetivando certame.

A reforma do Código de Processo Civil permitiu agilidade nessa etapa, inclusive sob a forma privada, ou a mera manifestação de querer adjudicar.

Entretanto, em atenção às quotas, ou a ações de companhia fechada, fundamentais à avaliação, submetida ao contraditório, colimando laudo que será determinante do preço de venda.

Normal salientar que a avaliação incumbe ao profissional técnico. Eis que será feita mediante balanço especial, no sentido de ser apurada a quota penhorada ou ação constritada.

O perito nomeado terá acesso à contabilidade e aos dados da empresa, no aspecto de apresentar laudo e conferir a expressão do capital social e a participação da quota integralizada.

Sobredita perícia poderá se estender, acaso não ocorra o fornecimento dos livros e da própria escrituração contábil da empresa, no entanto, competirá ao juízo fixar prazo razoável para sua realização.

De posse do laudo, feitas as críticas, prestados os esclarecimentos, o juiz poderá homologar o trabalho e designar certame.

Com efeito, após a correta avaliação da quota ou da ação, também é possível ao devedor requerer redução ou o credor se permitir à ampliação.

Nessa etapa processual, com o laudo elaborado, dirimem-se as dúvidas a respeito daquilo que existe para ventilar adjudicação ou permitir simples alienação judicial.

Existente diferença entre avaliação e o crédito exigido, cujas quotas ou ações mostram-se superiores à obrigação, naturalmente insta a redução para que não ocorra excesso.

Referida providência é de ser feita mediante diligência, a requerimento da parte, a fim de que não haja eventual irregularidade a contaminar alienação judicial.

Representando as quotas ou ações a verdadeira posição do sócio no quadro societário, não se justifica o excesso, em detrimento da empresa e comprometimento do devedor.

Havendo insuficiência de garantia, o credor poderá requerer o reforço, nessa etapa, para vitimar a efetiva alienação judicial.

Compreende-se amplitude da penhora, no leque de possuir a devedora patrimônio societário, ou seu sócio, adstringindo-se as quotas, ou as ações de companhia fechada.

Dessa maneira, igualmente, a ampliação da penhora será feita compatível com a obrigação cobrada e nos limites da responsabilidade determinada.

Vislumbra-se, pois, a necessidade desse enfrentamento a fim de se preservar a hegemonia do certame, ou poderá, se preferir, o próprio credor, adjudicar com expressa ressalva de prosseguir em relação ao saldo remanescente.

Deverá o perito avaliador também se cercar das informações de balanço, registros, livros e escriturações, a fim de que possa emitir parecer representando o laudo e definir a participação do sócio no capital da sociedade empresária.

Sobressaindo constrição de ação negociável em bolsa, conforme salientamos, basta diagnosticar o preço de mercado para efeito de adjudicação ou leilão judicial.

No momento em que o credor prioriza sua preferência de adjudicar, o juízo manifestará a determinação e será lavrado o autor, cotando desta data o preço de mercado do papel (valor mobiliário).

Insta destacar, de passagem, que a partir da constrição dos direitos inerentes à participação societária devem ser usufruídos pelo credor-exequente.

Nessa situação, revelando-se na companhia aberta o pagamento de juros sobre o capital, dividendos, bonificações, direito à subscrição, tudo se adjetiva na esfera do credor, simples consequência da penhora levada a efeito.

A transparência do procedimento exige a tomada de todas as medidas que perseguem a regularidade das fases e etapas do processo, sem afetar ou paralisar o funcionamento da empresa.

Muitos, equivocadamente, sustentam que essa forma de constrição influencia no cotidiano da empresa e a apuração feita por meio da avaliação pode causar enormes consequências negativas.

Não acreditamos.

O conceito da restrição é simplesmente de causar menor onerosidade possível, vencidas as demais etapas, nas quais o credor não logrou êxito, de tal modo que repousa na própria empresa, na sua participação, a derradeira tentativa do recebimento do crédito.

3.5 Da remição à alienação judicial

A consecução da excussão patrimonial implica na derradeira etapa do procedimento, a qual diz respeito à transferência da quota ou da ação para o credor ou terceiro.

Vislumbra-se, com isso, sendo indispensável a avaliação, o retrato definido da posição do quotista ou acionista, no contexto da sociedade empresária.

Não se cuida de avaliação singela, ou a cargo do Oficial de Justiça, mas que recomenda conhecimento especializado e a nomeação de avaliador.

Suscita o art. 682 do Código de Processo Civil, em caso de companhia aberta, que o valor do papel será aquele cotado em bolsa no dia, comprovando-se mediante regular operação de natureza pública.

Uma vez definido o preço da quota, ou da própria ação, sem negociação no mercado, poderá o credor adjudicar, buscar alienação por iniciativa privada, ou mediante corretor credenciado.

Ressalva-se, ainda, a possibilidade da alienação em hasta pública.

Não se descarta, ainda, seja feita alienação judicial, por meio eletrônico, em todo o território nacional, consoante previsão expressa do art. 689, letra A, do Código de Processo Civil.

A vantagem da alienação judicial eletrônica é de manter imparcialidade, isonomia, assegurando, também, o acesso à rede mundial, com amplitude de interessados e maior concorrência entre todos, na dicção de melhor preço.

Entretanto, a reforma implementada no Código de Processo Civil produziu algumas alterações, principalmente no que toca de perto ao direito de remir.

Doravante, somente antes da adjudicação ou alienação de bens ela terá eficácia, desde que obedeça a importância atualizada da dívida e aos encargos da mora.

A interpretação que descortina o art. 651 do CPC prende-se ao direito do executado, porém, não encontramos obstáculos para que a sociedade assim proceda.

Estando a quota ou a ação avaliada e antes do certame, ou de manifestação do credor, compete à sociedade o exercício do direito de remir.

Verdadeiramente, a sociedade empresária, dispondo de recursos, poderá, em seu nome, pagar a dívida do sócio, cujo propósito direto e mais imediato evita a intromissão de terceiro no negócio societário.

Dessa maneira, portanto, trata-se de direito que deve ser exercido antes da adjudicação, sob pena de preclusão, e, para tanto, a sociedade deve se adstringir ao valor integral da obrigação.

A hipótese é mais frequente em companhia de sociedades limitadas e também nas companhias fechadas, quando advém em caráter mais pessoal, cujas decisões contam com quórum qualificado.

Adjetivando preservar o intuito harmônico da empresa, a sociedade se proporá a remir; se houver deferimento, terá o prazo de efetuar o depósito, sob pena de precluir o seu direito e não poder mais retomá-lo em qualquer outra oportunidade.

Nota-se, importante ressaltar, que o valor correspondente ao depósito estará intimamente vinculado ao débito e seus encargos, inclusive verba honorária.

Não se verificando interesse da sociedade em remir, prosseguir-se-á até final certame, com adjudicação pelo credor ou arrematação por terceiro.

Conclui-se, portanto, que adjudicando o credor, ou arrematando terceiro, a empresa deverá se posicionar em relação ao ingresso de estranho no corpo societário.

Forma indireta de remir, supervenientemente, diz respeito a sua não aceitação de terceiro, ou do próprio credor, por intermédio de deliberação societária, com redução do capital e pagamento da quota, ou da ação alienada.

Verifica-se, pois, que a palavra última compete à sociedade, examinada a sua tipologia, para se cogitar do ingresso do credor, ou de terceiro, excutida a quota ou ação.

Forte nesse aspecto, a sociedade assumirá papel relevante no contexto e dependendo do objeto social, acaso anua ao ingresso do credor, ou de terceiro arrematante, de modo igual, exige-se alteração societária e seu registro.

Bem nessa diretriz, a sociedade empresária experimentará alteração derivada da modificação do seu quadro empresarial, quando não quiser remir ou revelar desinteresse pelo ingresso de terceiro.

Em qualquer conjuntura, por evidente, haverá de prevalecer a deliberação societária, exceto quando o adquirente comprar participação significativamente de controle e passar a ter a característica majoritária.

Definidos esses aspectos que mapeiam todo o leque em torno da constrição de quota, ou de ação, sem sombra de dúvida, trata-se de importante capítulo incorporado à responsabilidade societária e de inegáveis consequências práticas na satisfação da obrigação.

Colocando de lado essa característica inequívoca, não se pode descuidar de sempre ter em mente o desenvolvimento da atividade empresária, porquanto empresa em crise, ou em estado pré-falimentar. Nessa situação, nenhuma validade representa a constrição, inclusive podendo atingir ao credor ou terceiro ingressante, na tessitura de responsabilidade das dívidas existentes.

A avaliação do conjunto, por evidente, sobressairá, em parte, do laudo, mas também da conjunção efetiva de duplo pressuposto, do ativo e do passivo apurado, para que se possa consagrar, em definitivo, o sucesso da medida.

É relevante realçar que a iliquidez da empresa tem repercussão na posição da quota, o que desestimula a constrição, a permear forma alternativa destinada ao recebimento do crédito.

Conveniente apontar, em termos de penhora de quota, a realidade da empresa e seu aspecto de solvabilidade, para não tornar inócua a medida.

Casos existem nos quais o credor requer a penhora de quota de empresa sujeita à recuperação judicial, evidente que a medida representa conflito e pode causar solução de continuidade.

Interessante também mencionar, quando da alienação da quota, a pré-existência de credores preferencialistas, principalmente a Fazenda Pública.

Nessa percepção, essencial que a penhora esteja averbada no registro de empresa, a fim de que, quando houver alienação judicial, não aleguem os interessados desconhecimento.

A simples alienação judicial não transfere o *status socii,* na medida em que, para tanto, haverá indispensavelmente formalização por meio de laudo da apuração de haveres.

Demonstrada essa realidade e seu contorno na compreensão do tema, ainda suscita-se a possibilidade de remir da empresa, eventual interesse, para que terceiros não ingressem na sociedade, desintegrando o seu intuito pessoal.

4

Penhora do Estabelecimento

4.1 Conceito de estabelecimento comercial

A noção de estabelecimento comercial está diretamente ligada ao complexo de bens e serviços úteis e necessários, na dinâmica do desenvolvimento da própria atividade.

Copiando do modelo italiano, o nosso atual Código Civil, no art. 1.142, assim conceituou o estabelecimento comercial:

> "Considera-se estabelecimento todo complexo de bens organizados, para exercício da empresa, pelo empresário ou por sociedade empresária."

Cuidou o legislador, até o art. 1.149, de disciplinar o conjunto de bens, aquilo definido por universalidade, e as diversas hipóteses da cessão, do registro ou usufruto do estabelecimento.

Hipótese interessante e que é muito utilizada no Direito Comparado, em caso de crise da empresa, diz respeito ao arrendamento, não implicando em sucessão trabalhista ou tributária.

Nota-se que a consecução do estabelecimento comercial encerra a situação de bens corpóreos e incorpóreos, integrando a dinâmica da atividade e seu próprio exercício.

A economia globalizada conseguiu emprestar força à circunstância do estabelecimento, notadamente naquelas situações do comércio eletrônico e de empresas que desempenham seus papéis sem ponto físico.

O preceito de estabelecimento e seu estudo foram bem examinados pelo saudoso professor Oscar Barreto[1] quando priorizou definir o complexo de bens corpóreos e incorpóreos, consubstanciando o mecanismo de trabalho do empresário.

Evidencia-se plexo de relações comerciais sedimentadas pelos bens econômicos, contendo elementos patrimoniais, reunindo aqueles bens para finalidade única, de caráter instrumental, destinando-se ao próprio exercício da atividade empresária.

Categoricamente, a economia globalizada também salientou a velocidade dos negócios e a desnecessidade do conceito em torno de sua imprescindibilidade, ou seja, o comércio eletrônico resulta em vultosas importâncias por meio de operações realizadas por empresas especializadas.

Quando destacamos o significado da expressão *estabelecimento comercial* não podemos perder de vista o contexto da atividade empresarial, sinalizando filiais, coligadas, consorciadas e todas as demais que estão, diretamente por controle ou relação de não subordinação, sujeitas ao mesmo desiderato.

É possível diferenciar a constrição da empresa daquela do estabelecimento: enquanto a primeira encerra a atividade, a outra pode se restringir ao ponto físico, sem abranger filiais, sucursais e agências.

A constrição da empresa diz respeito ao âmbito individualizado do negócio; a do estabelecimento pode encerrar direitos materiais e imateriais, marcas e patentes, conceito mais abrangente.

Conquanto a empresa trabalhe com um único registro, por meio do CNPJ, pode, a critério do juízo, a referida constrição alcançar apenas determinado estabelecimento, cuja atividade se mostra suficiente à satisfação da obrigação.

Compreende-se, portanto, que a universalidade de fato, reportada ao próprio estabelecimento comercial, foi por longos anos estudada pela doutrina, sem a personalização, mas como fonte patrimonial necessária ao exercício da atividade.

Bem nessa visão, o estabelecimento comercial é o ponto nevrálgico que baliza a atividade e reúne complexo de bens voltados para o alcance do objeto social.

Diversos elementos integram o estabelecimento comercial, mas, na maioria das vezes, referida percepção sobressai decorrente do exercício,

---

[1] BARRETO, Oscar. *Teoria do estabelecimento comercial*. São Paulo: Max Limonad, 1969.

com aviamento, a clientela, o ponto e demais elementos que frutificam o próprio valor econômico.

Estabelecida a premissa, reflete-se na oportunidade a grande relevância do estabelecimento comercial, atravessando, durante toda a economia, notadamente globalizada, cenário de transformação e grande repercussão nos mercados.

A indumentária empresarial não repousa exclusivamente no estabelecimento comercial, porém as diversas atividades imprimem ritmo de velocidade, no contexto da marca, do domínio e do conhecimento em torno do perfil desenvolvido pela empresa.

Ao definirmos estabelecimento comercial, situamos, numa resenha, os vínculos que emergiram da necessidade da abertura da atividade e do próprio aspecto, contingenciando a integralidade dos bens reunidos para o exercício.

Nota-se que o estabelecimento comercial submete-se aos atos jurídicos processuais, com maior e menor pontuação, sempre com o propósito da preservação da atividade e menor onerosidade possível.

Compreendendo o estabelecimento de modo simbólico e, portanto, emblemático, como o conjunto de bens utilizados no exercício da atividade, forçoso reconhecer que a penhora afeta os recursos auferidos na satisfação do crédito.

4.2 Limites da penhora e incidências

Com o advento da Súmula 451 do STJ, sem sombra de dúvida, viabilizou-se a medida constritiva da penhora do estabelecimento da empresa, de maneira transparente.

Cumpre destacar que a Súmula está assim redigida:

"É legítima a penhora da sede do estabelecimento comercial."

Referido entendimento exerce interpretação restritiva, aduz o art. 649, inciso V do CPC, levando em conta a impenhorabilidade dos livros, máquinas, ferramentas, utensílios, instrumentos, ou outros bens móveis, úteis ou necessários ao exercício da atividade profissional.

Bem nessa diretriz, sempre que a penhora não conflitar com aquela essencial destinada ao exercício profissional, poderá ser implementada.

A constrição judicial do estabelecimento comercial repousa no mecanismo que concerne à obrigação exigida no procedimento, e de forma excepcional ocorre o deferimento da medida voltada para honrar a dívida.

É muito importante delimitar o campo, aparando as arestas em torno da penhora do estabelecimento ou simplesmente de fundos disponíveis que não causem solução de continuidade.

Normalmente, via de regra, a penhora do estabelecimento faz com que o juízo nomeie um administrador judicial para aferição do seu cumprimento e apresentação de relatório.

A penhora do estabelecimento exige conhecimento técnico e, ao mesmo tempo, apresentação de relatório para que se defina, com bastante transparência, o alcance da medida.

De fato, o estabelecimento pode reunir bens incorpóreos, marcas e outros aspectos que produzam frutos específicos e sejam contingenciados para a respectiva penhora.

O valor da atividade empresarial pode residir em aspecto não concreto, palpável, mas sim no elemento constitutivo do exercício, principalmente relacionado à propriedade industrial.

Dependendo da natureza da atividade empresarial, do valor do crédito exigido e das condições do negócio, a pedido do credor, o juízo aferirá a viabilidade da penhora do estabelecimento.

Depurados os elementos essenciais, a penhora do estabelecimento monitora o negócio e coloca em relevo o conhecimento técnico da atividade, daí a importância do acompanhamento e da nomeação do administrador.

Nessa linha de raciocínio, para que a medida produza resultado, natural que o administrador verifique a possibilidade de retirar os frutos do estabelecimento visando ao pagamento do crédito.

Relatório circunstanciado será elaborado, dando conhecimento da atividade e da possibilidade de a penhora produzir mecanismo seguro, compatível com a análise do crédito em aberto.

Abordada a matéria em toda a sua complexidade, o administrador terá a função de examinar a atividade empresarial no conceito amplo do estabelecimento.

Nessa percepção, o estabelecimento poderá ter filiais e outras empresas que desempenhem atividade compatível com o resultado almejado, alvo, portanto, do relatório a ser entregue ao juízo.

O marco característico da penhora de estabelecimento reflete o ponto dinâmico dessa matéria e aviva a memória para possibilitar o livre desempenho da atividade, sem comprometimento do fluxo de caixa ou do capital de giro.

Bem apanhado o tema, fundamentalmente não basta ao perito levantar a escrituração e verificar elementos da contabilidade, mas sim aferir *in loco* o real estado da atividade empresarial, propondo solução e adequação quanto à forma de pagamento.

Empresa, empresário e estabelecimento, a rigor, não se confundem, mantendo o traço dinâmico, para que possa o administrador, de maneira transparente, elaborar as principais propostas de pagamento.

Catalisa-se, pois, a verificação e também a constatação do *local goodwill* e do *personal goodwill*, de tal modo que se permita uma correlação entre a atividade, no seu amplo contexto, e a eventual pluralidade de estabelecimentos, sem comprometimento da empresa.

Esclareça-se, pois, a referida ideia do contingenciamento do negócio empresarial, não querendo fragmentá-la, mas sim apontar elementos que possam autorizar a medida judicial, sem comprometimento da atividade empresarial.

Em linhas gerais, portanto, a penhora do estabelecimento é medida excepcional que submete a própria atividade aos contornos do crédito, mas sem perder de vista a continuidade do negócio.

Destarte, o limite da incidência consubstancia a própria liquidez da empresa e desponta a razão de ser da penhora do estabelecimento, na tentativa de se alcançar o crédito obrigacional.

Discute-se, na prática, se a penhora do estabelecimento deveria ser inscrita no registro de empresa como corolário da sua instrumentalidade e conhecimento de terceiros.

A constrição tem seu trânsito interno no bojo do procedimento, consequentemente, a averbação no registro de empresa traria não apenas o conhecimento de terceiro, mas principalmente evitaria dilapidação e fraude.

Bem nessa circunstância, ainda que de caráter facultativo, a penhora poderá ser averbada mediante conhecimento encaminhado às juntas comerciais.

A exemplo do que ocorre com a penhora de quotas, indisponibilizando a venda e qualquer modificação patrimonial prejudicial ao credor, também a penhora do estabelecimento implica transmitir ao registro sua existência.

Com isso, portanto, o empresário terá certa restrição, independentemente do livre exercício da atividade; porém, encontrará dificuldade no trespasse, na alienação, ou qualquer alteração societária que reflita intenção prejudicial à medida.

No campo visitado, a penhora do estabelecimento representa poderoso instrumento, notadamente quando a atividade se pulverizar em outros polos, para que o administrador consiga, linearmente, angariar recursos no propósito de honrar a obrigação.

Forçoso reconhecer que, ao contrário do que ocorre na penhora de faturamento, fixando-se percentuais, a relativa ao estabelecimento sedimenta o conceito universal de bens, cabendo ao administrador radiografar e oportunizar valores condizentes com o crédito.

A Ministra Eliana Calmon, do Superior Tribunal de Justiça, teve a oportunidade de assinalar que a constrição em dinheiro não se apresenta absoluta; assim, o empresário em dificuldade pode preferir que outros meios alternativos alcancem seu patrimônio.

Bem se divisa que a penhora do estabelecimento não é algo abstrato, genérico ou divorciado do seu contexto, mas fundamentalmente mecanismo de se aferir o quanto disponível para pagamento da obrigação.

Coordena-se o conjunto de atividades com a técnica que for mais factível de se executar; assim, o administrador ditará os meios para que possa o credor retirar, ou mesmo incorporar, as circunstâncias diretas à implementação da medida.

Resulta claro que a penhora do estabelecimento deva traduzir fonte de recursos concreta, segura, transparente, na qual o credor possa ter o mínimo conhecimento em relação ao recebimento dos valores cobrados.

A medida poderá ter caráter preventivo, de natureza cautelar, quando o crédito for líquido e certo, provier de título executivo extrajudicial ou judicial, com sensíveis características de redução de patrimônio e dilapidação.

Essencial sublinhar que a duração da medida será proporcional à consecução do seu resultado, de propiciar ao credor os elementos indispensáveis à obrigação exigida.

No divisar do relatório apresentado, o administrador fará constar as medidas adotadas e aquilo que considera razoável para encaminhar ao juízo e conferir ao credor posição mais vantajosa.

4.3 Vantagens e desvantagens da constrição

Frisamos que a penhora do estabelecimento comercial é medida que atinge, de forma indireta, o exercício da atividade empresarial, catalogando instrumentos que resultem no pagamento da obrigação.

Não se confunde a penhora do estabelecimento com o arrendamento, ou com usufruto, isso porque estamos diante de uma medida judicial, podendo as demais ser livremente estabelecidas no interesse das partes envolvidas.

De caráter excepcional, pois envolve o próprio cerne da atividade, a penhora do estabelecimento é fundamental para o desiderato pretendido pelo credor, sem provocar a paralisação do negócio.

Evidencia-se, sem sombra de dúvida, que a penhora do estabelecimento é menos prejudicial que a de faturamento ou, eventualmente, do bloqueio Bacen *on-line*.

Indagar-se-ia, portanto, dentro do quadro desenhado, qual o propósito da medida quando outros instrumentos permitiriam, com menor trauma, resultado mais eficiente.

É justamente para permitir a livre atividade e a segurança do negócio que se prioriza medida alternativa, não alcançando, de forma direta, o capital de giro na empresa.

As vantagens que se colocam na penhora do estabelecimento poderiam ser elencadas em dupla categoria: a primeira, da segurança prestigiada em torno do complexo de bens, e a outra podendo alcançar direitos imateriais, envolvendo o próprio fundo, dando capacidade do exercício da atividade e, ao mesmo tempo, honrando a obrigação.

Normalmente a constrição do estabelecimento não consta da averbação do registro de empresa, fato que não impede que os demais sejam alcançados pela medida – filiais, sucursais e agências.

Importante que o administrador nomeado identifique o estabelecimento e projete, mediante laudo circunstanciado, as hipóteses de corresponder ao valor exigido pelo credor.

Desvantagens concretas poderiam resultar no conhecimento de terceiros, fornecedor, clientela, com a redução da atividade e eventual restrição na captação do capital de giro.

Entretanto, a penhora do estabelecimento é medida transitória, qual pode ser substituída por outra, acaso não produza o almejado efeito prático.

Na eventualidade da averbação da constrição, ponto desvantajoso implicaria nas limitações de alienação, transferência, trespasse e tudo que envolvesse, direta ou indiretamente, o estabelecimento comercial.

O pulso da situação será transparentemente exposto no relatório do administrador, inclusive por meio de inventário de bens e da situação real da empresa, de modo a conferir conhecimento e análise pelo credor.

Evidente que poderá o devedor submeter pedido de substituição da constrição, com anuência do credor, desde que revele interesse palpável de honrar a obrigação.

O estabelecimento se reporta ao conjunto de direitos, contendo titularidade e circulação, apresentando real influência no conceito do empresário, mas configurando uma universalidade, principalmente pela finalidade de sua formatação singular.

Na dinâmica do direito empresarial, o exercício profissional pode, algumas vezes, representar a franquia comercial, com a noção de informações a respeito da desvinculação entre franqueador e franqueado.

Obviamente, sendo pagos os *royalties* em favor do franqueador, face ao exercício da franquia, cumpre ao administrador verificar a possibilidade de incluir na penhora do estabelecimento referido benefício.

Convergem, portanto, na noção estabelecida, pontos essenciais que favorecem ou não a constrição do estabelecimento, tudo, porém, submetido ao campo da transparência e da análise técnica a cargo do administrador.

4.4 Alienação do estabelecimento e seus reflexos

O dinamismo empresarial, numa economia globalizada, reflete as circunstâncias objetivas e subjetivas alcançadas para obtenção de um resultado favorável.

Estabelece o art. 1.144 do Código Civil a necessidade da averbação, para ressoar efeito, nas hipóteses de alienação, usufruto, ou arrendamento, em relação a terceiros.

Na circunstância de existir passivo, a eficácia da relação irá depender do pagamento de todos os credores, ou expressa anuência destes, substituindo-se pela aprovação tácita, acaso não se manifestem decorridos 30 dias da notificação.

É a inteligência do art. 1.145 do Código Civil, combinando com o art. 1.146, que permite concluir que o adquirente do estabelecimento, tendo ciência, responderá pelo passivo, mantendo-se a solidariedade do alienante, pelo prazo de um ano, utilizando-se a fluência dos créditos vincendos e vencidos.

Concretamente, o estabelecimento poderá ser alvo de cessão, simples transferência, trespasse, arrendamento, ou alienação, matéria que trará importância quando feita a negociação em bloco ou isoladamente.

Forçoso reconhecer, portanto, que a decretação da constrição do estabelecimento, por si só, não impede a alienação, permanecendo o efeito da penhora determinada.

Nota-se, com isso, a sucessão obrigacional que encampa a medida da constrição e torna o adquirente responsável pelo pagamento da obrigação do sucedido.

Nada impede, contudo, que o respectivo trespasse seja feito de forma individual, de maneira separada, representando cada coisa, singularmente, e não o contexto do estabelecimento.

Definido o trespasse, de modo global, inclui-se a universalidade, exceto se houver ressalva expressa, o que não obsta a exclusão da marca ou qualquer outro direito incorpóreo. Senão, vejamos.

A Casa Anglo-Brasileira, também conhecida por *Mappin*, que foi à falência, tinha a expressão conhecida fortemente pelo público, não impedindo, posteriormente, a respectiva alienação.

Com efeito, dentro do espírito da atividade empresarial, a falência do negócio não significa que o conjunto de bens seja apanhado, mais interessante ainda para a massa a valorização daqueles outros, principalmente incorpóreos.

Conceitualmente, dentro do preceito do estabelecimento, exige-se a presença do valor patrimonial e o dinamismo dos predicados vinculados à atividade, podendo a razão social, aviamento, clientela, cada qual, apresentar um valor de face de acordo com a exploração do mercado.

Dessa forma, pois, a alienação poderá ser feita de modo parcial ou total, surtindo efeitos específicos em relação à constrição definida.

Acontecendo a parcial alienação do estabelecimento, insta salientar e individualizar aquilo abrangido pela negociação, posto que o administrador deverá, no seu relatório, fazer constar referido aspecto.

Entretanto, quando a alienação disser respeito ao conteúdo global do estabelecimento, referida posição poderá repercutir em atenção aos credores.

Observa-se que a legislação enumera a hipótese como forma capaz de acarretar a insolvência, de acordo com o Diploma normativo 11.101/05, uma vez que os credores ficariam dissociados de eventuais garantias.

A legislação ainda, excepcionalmente, permite a continuidade do negócio, uma vez decretada a quebra, tendo sido comum, em outros países, quando a empresa enfrenta crise, o arrendamento para terceiro, sem responsabilidade trabalhista ou tributária.

Enfocado o tema da alienação do estabelecimento, a preocupação maior se adstringe à venda global e suas características, principalmente quando comprometer a medida da penhora determinada.

Inexistirá presunção de fraude se a alienação contiver todos os seus elementos, inclusive do justo preço, para definição de sua análise. Entretanto, para que não ocorra surpresa, o novo adquirente deverá se cercar de cautelas, principalmente em torno do passivo e das medidas judiciais existentes.

Normalmente, o legislador ditou sucessão em relação aos débitos, na hipótese de alienação do estabelecimento, ressalva esta que visa assegurar a tranquilidade e manter o espírito dinâmico que acompanha a vida empresarial.

Vislumbra-se na alienação do estabelecimento a aquisição do ativo e do passivo e submissão às regras do jogo, principalmente na penhora do estabelecimento e seu reflexo emergente.

Bem prudente, na hipótese, em termos de alienação do estabelecimento, a constituição de cláusulas de reserva de domínio, de eficácia imediata e na proteção dos credores, em especial quando houver a penhora sendo executada.

Ao lado da alienação, se torna possível a ocorrência de negociação do estabelecimento, por intermédio do arrendamento, usufruto, do penhor, constituindo-se medidas que repercutem diretamente na matéria da penhora deflagrada.

4.5 O crédito e a continuidade da penhora

Verificada a necessidade a respeito da penhora do estabelecimento comercial, ponto primeiro diz respeito ao crédito exigido e ao exame da atividade empresarial.

A constrição poderá incidir na empresa industrial, comercial, prestadora de serviços, agronegócio, destacando o prisma de visão utilizado para sujeição da obrigação e a responsabilização da sociedade empresária.

Nada impede que se volte a medida judicial determinada contra o empresário individual, mantendo dessa maneira a capacidade de assumir o passivo e responder pela obrigação exequenda.

Desse modo, nesse passo, em sintonia com o crédito, existe a harmonia da continuidade da penhora para a preservação da empresa e a satisfação da obrigação. Dualidade que se revela dialética, quando prioriza a preservação e, ao mesmo tempo, implica no interesse de obter recursos voltados ao cumprimento da medida judicial.

Ao confeccionar o relatório, as circunstâncias da penhora do estabelecimento, o administrador poderá sugerir o prazo razoável de duração em atenção aos frutos e, principalmente, na viabilidade almejada.

Consolidando-se a constrição, tendo em mira o crédito, na sintonia do estabelecimento, os relatórios apresentados elaborarão técnica, dispensando comentários e preconizando efetividade.

Dito isso, sem sombra de dúvida, a proporcionalidade da medida indica critério de razoabilidade, qual seja, permanecerá a penhora do estabelecimento quando descortinar situação favorável à satisfação da obrigação.

Fundamental acenar a importância que consolida o balanço empresarial e a motivação explícita da continuidade da respectiva penhora.

A constrição do estabelecimento galvaniza a atividade e polariza o interesse do empresário, à frente da empresa, no propósito de equacionar a penhora do estabelecimento.

Evidente, portanto, que a prorrogação indeterminada da medida não revela praticidade ou cumpre a sua finalidade, daí porque o juízo, acompanhando o relatório, deliberará sobre a sua manutenção ou desnecessidade.

Contingencia-se, pois, ao lado do crédito, fator superveniente relevante, levado ao conhecimento do juízo, que possa traduzir, potencialmente, o cumprimento da obrigação.

Envolta a medida constritiva no estabelecimento, consoante relatório do administrador, os frutos poderão advir da filial, sucursal ou da agência, importando maior resultado do que da matriz.

Configurada a hipótese concreta, descortinada a constrição do estabelecimento, o objetivo imediato é assegurar termômetro eficiente e, ao mesmo tempo, revelar, a exemplo do inventário, conjunto de bens submetidos à constrição.

Independentemente da alienação, trespasse, cessão, usufruto ou arrendamento, preserva-se a penhora do estabelecimento *si et in quantum*, existindo conveniência e oportunidade, ao alcance da finalidade específica.

Corporifica-se, nessa linha de pensar, campo abrangente e muito associado à realidade da penhora empresarial, sob duplo argumento: preservação do núcleo empresarial e coevamente a consecução do resultado prático, de obtenção do crédito.

Esgrimida a responsabilidade empresarial, independentemente da formatação societária, a penhora do estabelecimento é forma abrangente e minudente de se preservar o negócio e vislumbrar a identidade entre o patrimônio e o crédito.

Consolida-se, então, a partir da constrição do estabelecimento uma simbiose que poderá mostrar a interface na dinâmica da consecução de resultado visando ao pagamento da obrigação.

Matéria discutível se refere às empresas *ponto com*, principalmente em razão da multivariedade de negócios eletrônicos, a forma de identificar e levar adiante a penhora de faturamento.

Nessa observação, quando a atividade se realiza via eletrônica, existem dados contábeis, escriturais e fiscais, os quais permitem que se proceda à constrição desse estabelecimento virtual.

Competirá, portanto, ao administrador nomeado analisar as implicações da medida e aquilo que reputa tecnicamente imprescindível, objetivando extrair do negócio virtual os recursos para honrar a obrigação.

Equivocam-se aqueles que situam dificuldades na responsabilização dessas empresas, pelo fato de não possuírem estabelecimento, no conceito de um ponto físico; porém, toda a regulamentação da matéria, hospedagem do *site* e os registros encontram-se devidamente conferidos quando se pretende adotar medida judicial constritiva.

Somente a velocidade dos negócios e a conotação dinâmica da globalização o estabelecimento abstraiu, significando a presença mundial da empresa, pelo relacionamento do negócio e o interesse do consumidor. Modelo contrário que desestimula a constrição quando temos operação feita fora do domicílio e até mesmo no exterior, dificultando, sobremodo, apuração de responsabilidade e critério transparente de identificação dos sócios do negócio.

Enfim, se a comunicação moderna permeia modelo inerente ao comércio multiglobal, a justiça deverá, com base nessa nova faceta, construir modelo de responsabilidade e permitir que inexistam impunidade pela simples distância que configura a própria atividade empresarial.

Dessa forma, o manuseio do procedimento eletrônico subministra elemento capaz de colher o subsídio e, ao mesmo tempo, implantar medida adjetivando contornar impasse.

Não podemos nos olvidar que, na sociedade empresarial globalizada, a exploração da atividade econômica ocorre por intermédio de diversas empresas ligadas, vinculadas ou subordinadas ao poder de controle.

Com isso, pois, pretendemos significar que a penhora do estabelecimento pode subordinar também as filiais, agências, quaisquer outros negócios, sempre que forem atrelados ao devedor principal.

Na prática, por certo, a abertura de vários negócios pode acarretar o intuito de minorar a responsabilidade. Exemplificativamente nos debruçamos sobre cooperativas que abriam filiais simplesmente para elidir a responsabilidade da matriz.

Focaliza-se, nesse caminho um campo árduo e, portanto, bastante arenoso, na dimensão de todos os limites possíveis e imaginários, a fim de que a penhora resulte exitosa.

Dessa forma, portanto, a manutenção do principal estabelecimento é fundamental. Entretanto, a tecnologia acompanhada do meio eletrônico possibilitam, ambos, informes detalhados da contabilidade, do desempenho da empresa e de seus resultados, no intuito de sinalizar efetividade da medida adotada.

5

Penhora do Imóvel da Empresa

5.1 Requisitos da penhora do imóvel

A constrição relativa ao imóvel da empresa tem seu fundamento no próprio art. 654, inciso IV, do CPC, quando, pela ordem de gradação, sinaliza a sua realidade.

Não se desconhece que a penhora do imóvel evidencia a possibilidade de abranger isolada ou globalmente a empresa, conforme a existência de filiais, sucursais ou agências.

Depreende-se, pois, que à míngua de outros elementos e não querendo influenciar negativamente sobre o capital de giro da empresa, faculta-se ao credor a constrição do bem imóvel, constante do fólio identificado.

Inexiste restrição se houver a presença de concurso de penhora, no sentido de outros credores, desde que ocorra nexo causal para a cobertura do crédito exequendo.

Dentro desse aspecto, o entendimento predominante é no sentido de que a penhora do bem imóvel empresarial, assim entendida, e não poderia ser diferente, acontece na hipótese como sendo aquela vinculada à unidade cuja titularidade pertença à própria sociedade.

Nada importa se o imóvel do qual é titular a sociedade empresária esteja penhorado por outros credores, encerrando concurso, porém o importante é verificar se o preço comporta divisão cômoda e proporcional entre todos.

Exemplificativamente, se a propriedade ocupada pela empresa estiver avaliada em R$ 5.000.000,00, e dez credores, cada um com crédito de R$ 300.000,00, houverem penhorado idêntico bem, ainda assim não se presume que exista qualquer violação do princípio do resultado e da eficiência da constrição.

Fundamental assinalar como requisito da penhora de empresa o atendimento aos critérios da razoabilidade e proporcionalidade, significando com isso viabilidade da medida.

Em outras palavras, se o credor ostenta crédito de R$ 100.000,00 e a propriedade da sociedade empresária vale R$ 10.000.000,00, em tese não haveria sentido de percentualizar valor mínimo para satisfazer exclusivamente um único credor.

Nessa direção, o juízo terá de sopesar os elementos e avaliar, portanto, as regras para a efetividade da medida e a consecução do resultado buscado.

A gradação disciplinada na legislação apresenta caráter relativo, porque o seu objetivo é de propiciar pagamento aos credores e menor onerosidade ao devedor solvente.

Bem se denota, pois, que a penhora do imóvel da empresa cataloga-se no conceito dinâmico da atividade, e não se confunde com arrendamento ou a penhora do estabelecimento.

É preciso deixar bastante claro, de forma nítida, e perceptível, que a penhora da atividade encerra pressuposto vinculado ao exercício profissional, ao passo que a constrição simplesmente do fólio imobiliário passa a significar eventual possibilidade de adjudicação pelo credor, ou arrematação a favor de terceiro.

Básico também é constatar se o prédio encontra-se em nome da empresa e livre de ônus ou gravames que possam pulverizar a eficácia da medida.

Concretamente, se a empresa possuir hipotecas que incidam sobre a propriedade imobiliária, em razão de financiamentos realizados com instituições financeiras, a repercussão prática da medida será inócua.

Ao ser efetuada a penhora da unidade, seguir-se-á a respectiva lavratura do auto e o registro para conhecimento de terceiro; assim, ficará visível que o imóvel ocupado ostenta constrição de acordo com a realidade do procedimento.

Suscitam-se as consequências hauridas dessa penhora em relação à continuação do negócio e do exercício da atividade empresarial, ou seja, a arrematação, ou a adjudicação, imporia sério enfrentamento pela desocupação do prédio.

Dessa maneira, também salientamos que a penhora, nessa hipótese, dada a sua gradação, se afigura excepcionalíssima, porquanto se não houver a faculdade de remir, consequentemente o bem será transferido a terceiro ou ao próprio credor.

Pode acontecer, nada obstante, que o novo proprietário se interesse em locar o imóvel ao devedor original, mas restará a análise da viabilidade e do custo-benefício envolvido.

Embora plausível, a constrição via *on-line* tem sido pouco utilizada, o que resulta, na prática, na demora de sua consecução, inclusive para cronologicamente abrir espaço à defesa por meio de embargos de terceiro. Fundamental, portanto, estabelecer a via eletrônica da constrição, muito mais segura, em tempo real, impedindo com isso a alienação ou artificialmente documento que contrarie o interesse do credor.

Justifica-se esse raciocínio, porquanto, na hipótese do não registro da penhora, a simples lavratura do auto não disponibiliza o informe a terceiro, ao contrário da constrição *on-line*, deixando no registro da matrícula a restrição e todos os demais subsídios inerentes.

5.2 Pluralidade de penhoras

Expusemos, com clareza e alguma riqueza de detalhes, pois, que a penhora pode emblematicamente acarretar a presença de vários credores interessados na satisfação do crédito.

O tema ressoa interessante e extremamente adjetivando o momento da instauração do concurso, a fim de que, com a arrematação do bem, sobressaia a necessidade de pagamento de todos os credores concorrentes.

Cuida-se de situar a solvabilidade do devedor e a própria natureza do concurso, porquanto qualquer adjudicação poderá evidenciar necessidade da exibição do preço ou de seu complemento.

Em tese, considerando os créditos discutidos, a pluralidade de penhoras não afeta a constrição em desfavor da propriedade titulada pela sociedade empresária.

Essencial, entretanto, verificar se entre credores incidirá preferência, para efeito de satisfação ou pagamento privilegiado, quando estivermos diante de regras específicas.

O concurso universal divisa seu marco na situação pontual da solvabilidade; ocorrendo a insolvência, logicamente, não receberão os credores integralmente, mas sim de acordo com a ordem de preferência do produto da venda.

Insta ponderar que a penhora precisa da publicidade e até figura como predicado para analisar qualquer alienação em fraude à execução ou a credores.

Comporta frisar, em razão disso, que a simples existência da penhora não instrumentaliza a regra do concurso ou abre oportunidade para discussões paralelas.

Explica-se essa posição, porquanto o fundamental é considerar não apenas a prioridade da penhora, aquela feita em primeiro lugar, mas, preferencialmente, o quadro geral de credores.

Nessa percepção, tudo vai depender do interesse individual ou conjunto de submissão do bem à alienação judicial, em que presentes o concurso e a real participação de cada um no propósito de adjudicar ou simplesmente de arrematar.

É preocupação assente do juízo verificar se a constrição do próprio imóvel no qual se situa o estabelecimento comercial apresenta viabilidade, custo-benefício, ou se apenas tangencia a circunstância do crédito.

Não raras vezes, portanto, o credor quer apenas marcar presença e demonstrar que o imóvel, uma vez penhorado, ensejará solução de continuidade da atividade empresarial.

A modernidade da atividade empresarial, no campo globalizado, e para redução de custos, inclusive otimização e ergonomia, tudo isso levou à redução das despesas, principalmente em relação à ocupação de imóveis.

Fato é que os bancos partiram, seguindo determinação do Banco Central, para locação de suas unidades ocupadas, contratos de longa duração, com menor exposição de risco e de investimento, no sentido da própria atividade.

Consequência disso, hoje a alienação fiduciária também se incorpora aos bens imóveis, o arrendamento, forma de franquia e a todas as demais situações que visam a evitar investimentos pesados na compra de imóveis, notadamente desvantajosos para o custo operacional empresarial.

A pluralidade de penhoras será constatada pela manifestação dos credores e implicará, quando se destinar o bem à alienação judicial, na instauração do concurso, homologando-se os créditos e eventuais preferências, priorizando-se praça.

Marca-se, pois, essencial observar a relação de credores e sua classificação, no desiderato de se evitar nulidades e proporcionar efetividade no comando do procedimento.

A definição somente fica mais elucidativa com a elaboração de laudo para destacar o preço de mercado do bem. Ainda que o legislador propusesse que o oficial de justiça estaria incumbido da diligência, somente profissional do ramo, arquiteto, engenheiro, poderá discernir sobre avaliação correspondente.

Articulada a pluralidade de penhoras, naturalmente os credores deverão se posicionar na etapa do concurso, comprovando os créditos e também a existência de várias constrições, para se alcançar o estágio final da alienação judicial.

5.3 Concurso de credores e isonomia

Incidente a penhora com pluralidade de credores, a questão básica a ser resolvida se reporta ao produto amealhado e a distribuição entre os credores em concurso.

Consequência disso, ensina Araken de Assis que o concurso deve ser instaurado atendendo ao princípio da economicidade e maior utilidade para os credores.

Considerando que o imóvel integra um conjunto de direitos e o ativo imobilizado da empresa, qualquer alteração impactará na própria logística de sua atividade.

Estruturada a matéria simbolizada pela existência de diversos credores, universalizando a penhora, ela passa a incidir sobre o imóvel no qual se encontra o estabelecimento, referida isonomia deve ser preservada.

Não é inviável ainda que a empresa procure substituir a constrição por outro bem, atendendo a finalidade menos onerosa do procedimento.

Essa pressuposição emerge clara quando a empresa exerce sua atividade em diversas localidades e possui imóveis outros que possam servir à satisfação do crédito.

Normal e naturalmente, qualquer bem imóvel, livre e desembaraçado, encerrando valor correspondente ao crédito, poderá ser incluído, substituindo-se aquele outro no qual a empresa realiza a sua principal atividade.

Dentro dessa harmonia, se a matriz contempla inúmeros mecanismos de recursos visando à sua atividade empresarial, a própria sede, porém as filiais estão à altura do crédito buscado e desoneram sobremodo a sociedade empresária, cumpre a indicação até para preservação do negócio.

Afinada a referida realidade com o contexto da execução contra devedor solvente, em princípio, não haveria hegemonia entre eles, mas sim o equilíbrio voltado para a satisfação do crédito, fruto do produto da venda.

Porventura se verifique interesse na adjudicação, teremos que levar em conta o preço de mercado do bem e o crédito que está sendo excutido, para eventual depósito complementar.

A regra da preferência consolida sua razão de ser na execução contra devedor insolvente, ou na própria falência, sob a égide do Diploma normativo 11.101/05.

O propósito fincado edifica criteriosa avaliação no mecanismo de aferição dos créditos, em concurso instaurado, para prestigiar transparência e isonomia, evitando-se qualquer prejuízo ou mesmo a nulidade do certame.

5.4 Compatibilidade da medida e o crédito

Assinalamos os critérios de razoabilidade e proporcionalidade que norteiam a constrição do bem imóvel, haja vista a estrutura da atividade empresarial.

Não nos parece crível que o credor dotado de soma em torno de R$ 50.000,00, exemplificativamente, em sã consciência, possa pleitear a constrição do prédio comercial, de propriedade da sociedade empresária, avaliado em R$ 5.000.000,00, violando as regras do custo-benefício e da própria necessidade da medida.

Quando o credor se volta contra a integral permanência da atividade empresária, tudo isso permite análise global e superação dos impasses.

Efetivamente, as instituições financeiras se cercam de garantias, penhor, avais, fianças, e até mesmo o próprio prédio no qual se situa a unidade empresarial consubstanciando atividade.

Inadimplida a obrigação, caracterizada a mora do devedor, o banco credor-exequente volta-se contra o estabelecimento que faz parte da sua garantia, objetivando a arrematação ou adjudicação.

Trata-se de medida drástica que, dependendo do porte da empresa, poderá ceifá-la de morte e inviabilizar sua própria atividade, irradiando efeitos negativos em relação à normalidade do negócio empresarial.

Sempre que possível, portanto, o devedor sociedade empresária, ou simplesmente o empresário que estiver submetido à penhora do bem imóvel no qual exerce sua atividade, deverá pleitear a substituição ou encontrar outra opção para minorar os efeitos perversos da constrição.

Nota-se que a constrição de parque industrial, comercial, agronegócio, ou da empresa implica desvantagem e pode prejudicar o acesso ao crédito, de tal modo que a gradação estabelecida não é de molde a desestruturar a atividade empresarial desenvolvida.

Nada impede, contudo, que o juízo desacolha o requerimento de penhora do imóvel, uma vez que é tamanha a incompatibilidade e desgarrada da razão primacial do crédito buscado.

Oneraria sobremodo a constrição, em casos de desproporção entre o crédito e o débito, em atenção ao valor de avaliação do imóvel, comportando prudência do juízo e análise circunstanciada.

A excepcionalidade da medida é a própria tranquilidade encerrando a segurança jurídica no desenvolvimento da atividade empresarial, sem a pressão ou a possibilidade da alicnação judicial da coisa.

É normal, principalmente em relação aos credores trabalhistas, a busca de bens para satisfação do crédito, principalmente quando não mais trabalham na empresa, porém, se esquecem de que a unidade sob constrição poderá trazer a figura da quebra ou inviabilizar o negócio.

Elevar a temperatura entre os credores, em tempo de crise, pode resultar na fragmentação e quebra do princípio da isonomia, principalmente quando alguns, mais ávidos, procuram receber em primeiro lugar, colocando em risco a sorte da empresa.

5.5 Empresa e grupo econômico

A constrição individual ou global da atividade empresarial ficará submetida ao crivo do juízo e descrição sumária da hipótese do procedimento executivo.

Nessa toada, existindo crédito elevado e vários credores, nada obsta que a constrição se estenda em relação aos vários imóveis, inclusive aqueles que não integram a atividade empresarial.

Consequentemente, analisando a relação de bens e o estado patrimonial da empresa, o juízo somará esforços para que a constrição priorize os imóveis sem ocupação empresarial.

Explica-se a tendência na medida em que, existentes outros bens, constantes da declaração, integrantes do ativo imobilizado, cai por terra a tese do credor de querer a constrição sobre o imóvel no qual se desenrola a atividade comercial.

Bem por tudo isso, nessa ótica, o juízo terá segurança e certeza quando dispuser a respeito da empresa e de todo o grupo econômico.

Não poderá ser descartado do conjunto o aspecto marcante de menor onerosidade, da velocidade da venda e de algum valor de mercado condizente com o crédito exigido.

A implicação patrimonial primeira não se resume no direito individual e exclusivo do credor, mas sim reúne a necessidade da conveniência e oportunidade no diagnóstico seguro desse acertamento.

Conclui-se, pois, que a empresa poderá ser titular de imóveis em situação de locação, cujos alugueres, naturalmente, serão constritados e depositados a favor do credor.

Muitas vezes o ônus da propriedade desfavorece a própria constrição e privilegia aquela que possa ser traduzida, quase imediatamente, em capital, no numerário a satisfazer a obrigação.

O contexto do grupo econômico envolve a extensão da responsabilidade e a caracterização do ingresso de medidas que alcance a própria atividade.

Flui dessa percepção a atividade operacional, outra econômica, aquela de gestão, enfim, uma separação inequívoca que muitas vezes não é feita quando se cogita da constrição.

Forte nesse aspecto deve prevalecer o critério de menor onerosidade em relação à empresa, sua propriedade, o que não elimina atingir patrimônio que assegure a cobrança do crédito.

Destacamos que a penhora da propriedade na qual a empresa se acha estabelecida não desencadeia, via de regra, a nomeação de administrador, porém não poderá se omitir a empresa em definir outros bens de menor onerosidade.

O aspecto primordial estabelecido pelo legislador foi de, concomitantemente, permitir a execução e também de não causar solução de continuidade da atividade empresarial.

Na questão colacionada, a importância da unidade, ou da entidade global da empresa, irradia consequência e identifica quadro a ser precisamente constatado, evitando-se prejuízos e também colapso social.

Bem a propósito, vale destacar que a penhora do imóvel não se apresenta imediata, ou de eficácia comprovada, tanto que o legislador, alternativamente, permitiu outros elementos, inclusive o usufruto, penhora de faturamento, desconsideração da personalidade jurídica, para identificar meio eficiente voltado para o recebimento do crédito.

Qualquer que seja o mecanismo acenado pelo credor, o juízo terá em mente as consequências da medida e as limitações impostas, não apenas na fixação da responsabilidade, mas também no alcance do grupo econômico.

Repousa a constrição da propriedade ou de várias unidades, conforme a classe e categoria dos credores, no estabelecimento do concurso e na possibilidade da alienação judicial, sempre amparando o recebimento e a continuidade do negócio.

Na ótica desenvolvida, portanto, penhora única ou plúrima desafiará, via de regra, o recurso de agravo para análise de sua legalidade, e também os aspectos voltados para eventual futura alienação judicial.

É bastante importante deixar assente que a existência de penhora sobre o imóvel no qual se situa a sede da empresa não inibe a respectiva substituição, ou a própria venda, quando houver bens suficientes à satisfação da obrigação.

Não deve, no entanto, sob pena de caracterizar fraude à execução, simplesmente alienar o imóvel, sem que tenha precaução de possuir patrimônio à altura da obrigação.

Desperta, pois, vivo interesse a possibilidade da alienação judicial, quando provocará imediata transformação em relação à atividade empresarial, ainda que o próprio credor priorize adjudicar.

O tempo que medeia a etapa da penhora até a efetiva alienação judicial recebe influência relativa à sociedade empresária, no sentido de sugerir a substituição ou novar a obrigação.

Quando os credores trabalhistas, considerados aqueles que exercem a dinâmica e conhecimento do negócio empresarial decidem pela continuidade, pode haver estado condominial do imóvel, em relação a todos eles, conforme seus créditos, priorizando o prosseguimento da atividade empresária.

As múltiplas facetas derivadas do grupo econômico, ou do chamado grupo empresarial, sem dúvida alguma, refletem na responsabilidade a ser alcançada e as empresas envolvidas.

O trabalho não é fácil e muito menos eficiente, em termos do tempo decorrido, havendo a necessidade da comprovação e dos aspectos singulares para efetiva constrição.

Concretizada a medida constritiva sujeitando o imóvel no qual se desenvolve a atividade empresária, daí a importância do administrador viabilizar formas alternativas, sem que a alienação judicial acabe por terminar a empresa.

Não se defende, baseado no raciocínio, a ineficácia da medida, porém, em linhas concretas e direcionadas, normalmente o credor não reúne experiência ou conhecimento básico para tocar o negócio.

Bem nessa dicção, qualquer solução menos traumática se afigura viável e muito própria para eliminar eventual possibilidade de a empresa ter que encerrar seus negócios.

6

Penhora de Faturamento

6.1 Os pressupostos da constrição do faturamento

Baseado no Direito Comparado, mais precisamente na legislação italiana, onde buscou subsídios, o legislador pátrio definiu no art. 655, inciso VII, do CPC, a possibilidade de penhora do faturamento da empresa devedora.

A moderna legislação italiana, com alterações nos anos de 2009 e 2010, confere ao devedor a possibilidade de indicar a forma dessa constrição e o percentual correspondente.

Não se manifestando o devedor, o juízo poderá nomear administrador judicial provisório, considerando o quadro geral de credores e a perspectiva de harmonizar a medida com a preservação do negócio empresarial.

Cabe ponderar, no entanto, que o mais correto seria a constrição da renda e não do faturamento, por comprometer o próprio capital de giro, como muito bem explica o renomado jurista Humberto Theodoro Júnior.

Trata-se de medida excepcional, a ser adotada em último caso, para não impactar negativamente em relação à empresa, muito menos retirar dela o oxigênio vital operacional.

Confusão é gerada na especificação, em termos contábeis, de faturamento líquido, faturamento bruto e outros elementos, sobressaindo verdadeira dúvida e celeuma na aplicação da norma.

Essencialmente, a própria Ministra Eliana Calmon reconheceu que a penhora de numerário (dinheiro) não tem conotação absoluta, em razão da gradação e dos aspectos que presidem a menor onerosidade da execução.

Irradia essa questão viva polêmica, na percepção da menor gravosidade do processo e também em relação ao coeficiente do percentual admissível.

Encerra contradição, nos moldes da economia, a penhora de faturamento que pode decretar a insolvência e levar à quebra toda e qualquer empresa no regime de concorrência.

Extrai-se do raciocínio, portanto, que a penhora de faturamento é medida excepcional, a qual somente tem seu curso preenchidos alguns requisitos legais.

Referidos aspectos dizem respeito, por primeiro, à excussão do patrimônio da sociedade empresária, e de eventual responsabilidade dos sócios, porquanto representa uma fiscalização na atividade empresarial.

Pensando nisso, a penhora de faturamento é menos traumática do que aquela junto ao Banco Central, *on-line*, uma vez que, comparativamente, estamos diante da retirada imediata de valores, ao passo que a dosagem se corporifica na constrição conforme as regras estabelecidas.

O fato de se determinar a penhora do faturamento não significa que estará sendo colocada em risco a solvabilidade da empresa ou sua preservação.

Há casos nos quais o devedor se mostra recalcitrante, arrastando o procedimento, sem razão lógica ou plausível, permitindo com isso a constrição do faturamento.

Evidente, portanto, que o devedor pretende custo-benefício e o recebimento será feito mediante alongamento, isso porque o credor não conseguirá receber a vista, ficando o administrador com a incumbência de apresentar o plano de pagamento.

6.2 Limites percentuais fixados

O estudo analítico redigido nos permite concluir que toda e qualquer fixação de percentual se mostra aleatória em razão do quadro definido pelo administrador judicial.

Em linhas gerais, a jurisprudência se mostra claudicante e a doutrina vacilante, na medida em que ambas procuram evidenciar conceitos que não fluem concretamente na admissibilidade do risco.

Com efeito, entendemos que a medida de constrição pode ser determinada, pura e simplesmente, de forma genérica, delegando-se ao administrador, de confiança do juízo, fundamentar o percentual que representa segurança para efeito de continuidade do negócio.

Não vemos plausível a constrição de 30% do faturamento, a qual acaba por aniquilar a empresa e representa enorme sacrifício incondizente com o quadro de credores, privilégios e preferências, até diante de eventual concurso.

Fixada essa linha de pensar, nada impede que o juízo determine que 5% ou 10% do faturamento, conforme a dívida e a partir do primeiro relatório do administrador, tenham elementos para rever esta circunstância.

Afirmamos que a fixação se estabelece *rebus sic stantibus*, ou seja, admite revisão conforme a situação e o estado patrimonial da empresa.

Bem importante ainda salientar que o limite percentual não é forma definitiva da constrição vingar, uma vez que, diante da realidade, tanto pode ser majorado como minorado.

Evidente que tudo dependerá da lucratividade fundada no termômetro da economia e no pulso da atividade empresarial, sem onerar em demasia a empresa e a sua própria função.

Quando a dívida tem natureza trabalhista, a penhora de numerário acarreta uma série de consequências, nada obstante se reconheça ter a empresa a faculdade de indicar conta para essa específica finalidade.

Na dívida representada pela execução fiscal, a penhora de faturamento pode revelar racionalidade e lógica, quando reunidos os procedimentos ou se discuta o valor correto da cobrança.

Com efeito, não é incomum o fisco pretender valor elevado, sendo que a empresa não pode, pura e simplesmente, oferecer bens para garantir a execução. Prontamente se revela a finalidade do alongamento.

Querendo significar com isso que o fisco pode estar desconforme o fato gerador, buscando soma em excesso, não podendo a empresa ficar indefesa, o que justifica a constrição de faturamento e a oposição dos embargos.

Evidente, portanto, presentes diversas execuções fiscais, à luz da Lei 6.830/80, a unificação de todas, reunindo-se os procedimentos, para ensejar levantamento do valor devido e aquilo que pode ser penhorado em atenção ao faturamento.

Favorece em muito a empresa constrição única que abranja todos os procedimentos e se mostra efetiva para discussão plural mediante embargos opostos.

6.3 Nomeação do administrador e sua remuneração

É da essência do ato inerente à constrição a respectiva nomeação do administrador judicial, e aqui precisamos nos debruçar sobre o seu papel e as regras que implicam o concatenamento de sua atividade.

A expressão *depositário* utilizada pelo legislador apenas teria sentido se aceito o encargo pelo sócio gerente da sociedade empresária, na condição de administrador do negócio.

Hipótese distinta, aquele nomeado é o próprio administrador judicial, isso porque suas funções não se limitam à simples conferência mensal do depósito, mas a feitura de um plano e análise do contexto da atividade empresarial.

A posição singular do administrador judicial deve ser vista à luz de toda sua atividade, como um todo, e não restrita à simples manifestação do percentual e alocação do numerário.

Dest'arte, o administrador tem acesso aos informes, a todos os subsídios, funciona como auxiliar do juízo e também é responsável, quando houver agido com culpa, respondendo pelos danos causados.

Embora não exista a figura do depositário infiel, em relação às dívidas civis, a circunstância da prisão somente cabe em relação ao depositário e não ao administrador.

É a inteligência a ser interpretada, por analogia, da dicção da Súmula 304 do STJ, quando se refere ao encargo, reportando-se à responsabilidade na condição de depositário judicial.

A recusa no recebimento do encargo pelo sócio da empresa não implica, por si só, na frustração da penhora de faturamento.

Funda-se na previsão legal, escorada na Súmula 319 do STJ, o que implica na nomeação de pessoa da confiança do juízo, para exercer o encargo de administrador judicial.

Com razão, não está o sócio obrigado a aceitar o encargo e muito menos a ser fiel depositário, o que viabiliza seja nomeado o administrador judicial provisório.

Explica-se a sua posição, na medida em que, nomeado o administrador, assume a responsabilidade integral pelo plano apresentado, em relação aos recursos amealhados, em tese seria fiel depositário, em razão do encargo aceito.

Referida pessoa deve ser, normalmente, um administrador de empresa, contador ou economista, que tenha conhecimento do assunto e possa fornecer dados concretos ao livre convencimento do juízo.

É preciso que o administrador esteja habilitado e comprove a sua formação profissional, a fim de exercer com responsabilidade, transparência e neutralidade a sua função.

A remuneração deverá ser compatível com o calibre da medida, tempo de duração e a complexidade exigida, de tal sorte que permita o desempenho e atinja a sua finalidade.

Destacamos que, naturalmente, algum valor mensal deverá ser pago ao administrador, no sentido de realizar o controle e a fiscalização, monitorando a empresa e o recolhimento, consoante relatório.

Poderá o juízo determinar que o credor adiante o valor da remuneração, ou, na impossibilidade, venha a soma a ser retirada da própria penhora implementada.

Não pode o administrador receber remuneração incondizente com sua função, ou que revele distorção, uma vez que necessita levantar os dados, mesmo tirar um balanço especial e prover o juízo de informações precisas.

Os critérios de razoabilidade e proporcionalidade devem nortear a nomeação do perito, porém, no início de sua atividade, para se evitar qualquer desagradável surpresa, fundamental que apresente estudo sobre o valor pretendido a título de remuneração.

É correto afirmar que somente após incursionar pela empresa, terá o administrador capacidade de avaliar a realidade e descortinar o tempo razoável de duração da constrição.

No entanto, as partes devem aprovar a estimativa e com isso se abre oportunidade de ter início a diligência, a qual poderá ter concurso policial, no caso de embaraço ou sonegação de informes.

Trata-se de atividade bastante complexa, peculiar e de extrema responsabilidade que pauta o elo de ligação entre o juízo e o administrador, de tal modo que a nomeação deixa transparecer, de forma concreta, a sua submissão ao procedimento.

Cumpre ao administrador apresentar o plano de pagamento, elaborar periodicamente relatórios e comunicar ao juízo toda e qualquer situação com a qual se depare e possa influenciar na sua atividade.

De fato, o dinamismo da empresa não impõe valor mensal fixo, mas compatível com o débito e condizente com a situação da própria empresa.

Com razão, acaso não mostre ou justifique a sua tarefa, poderá ser substituído, implicando também em eventual responsabilidade por quaisquer prejuízos acarretados.

6.4 Reflexos da penhora e do faturamento

Consubstanciada a constrição judicial, frustradas as medidas pretéritas voltadas para a satisfação da obrigação, conclui-se que o juízo, a pedido do credor, determinará a penhora de faturamento.

Referida circunstância, a nosso ver, inclusive poderá ser averbada no registro de empresa, tornada pública, uma vez que a Junta Comercial terá registrado o assento e consequentemente ninguém poderá ignorar a sua existência.

Não é incongruente afirmar que poderemos vivenciar concurso de penhora de faturamento, de juízos distintos, inclusive da Justiça Trabalhista, de tal modo que isso implica numa classificação própria do quadro empresarial analisado.

De rigor a lavratura do auto de penhora e a assinatura do compromisso pelo administrador torna-se facultativa, nos termos da legislação vigente, porém sofre as consequências da conduta irregular, inclusive na esfera criminal.

Compreende-se, assim, pois, que o administrador tem a função específica de acompanhar as diligências, inclusive do oficial de justiça, no propósito de obter informe seguro à consecução de sua tarefa.

O faturamento da empresa é um aspecto extremamente relevante da atividade desenvolvida, resvalando na grandeza patrimonial e no princípio de sua preservação.

Incorreu o legislador numa falha que, ao traduzir modelo italiano, pressupôs, ao invés da renda, o próprio faturamento, divisando-se conceitos de lucro e de capital de giro diferenciados.

O mais correto seria fosse disciplinada a operação pertinente ao lucro obtido operacionalmente, para que incidisse a constrição, sem comprometer o capital de giro da empresa.

De fato, uma coisa é o lucro obtido no exercício da atividade profissional, em menor ou maior grau, outra bastante diversa é a influência do capital de giro na admissibilidade do faturamento.

Dest'arte, o administrador deve estar atento para esse fato e não permitir excessos ou outras medidas que fragilizem a sobrevivência da empresa, formulando equação capaz de atestar percentual adequado.

6.5 Responsabilidade societária

O legislador no modelo societário estruturou a regra da responsabilidade limitada, no propósito de estimular a própria formação da atividade empresarial.

No entanto, muitas vezes, a empresa enfrenta vicissitudes que não conferem transparência ou o exato conhecimento de sua própria atividade.

A proteção ditada aos sócios, obviamente, traduz a constrição da empresa, pela responsabilidade assumida, e posteriormente dos seus componentes, na definição da penhora patrimonial.

Estuda-se a responsabilidade societária numa vertente ligada aos diversos setores que exploram a atividade econômica, na forma coligada, controlada ou grupal.

Bem por isso, podem existir filiais, sucursais e agências, sendo relevante situar se a penhora de faturamento é tomada do contexto amplo ou específico daquela medida.

Sabemos que na economia globalizada o espírito dinâmico privilegia a construção de raízes empresariais, porém, enorme dificuldade serve de barreira para impedir transparência, principalmente em relação à atividade do administrador judicial.

Consequentemente, a existência de diversos aspectos, inclusive CNPJ distintos, por si só, não inibe que a constrição incida sobre toda a atividade societária, notadamente quando houver participação e controle ou simplesmente coligação.

No enfrentamento do tema, caberá ao administrador dissecar o assunto, implicando verdadeiro descasamento, porquanto a posição de controle, ou de participação, ambas suscitam a regra da incidência da constrição.

Enveredando por esse campo, pois, remanesce o conceito e a capacidade do administrador de conferir ao juízo o quadro plural da atividade empresarial, na concretização daquela responsabilidade societária.

Sublinhamos que o administrador não deve se acomodar ao retrato da realidade, mas, paradoxalmente, incomodar, no sentido de obter todos os subsídios, fazer aferição e constatar o estágio que possa obter percentual transparente.

A visão significa a própria natureza da responsabilidade societária, em todos os seus ângulos, inibindo qualquer movimentação que possa frustrar a penhora de faturamento.

Acaso a empresa não tenha musculatura suficiente para cobertura da dívida, indaga-se sobre o custo-benefício da medida e interesse do credor de requerer a quebra.

Eventualmente, se o tempo precisado pelo administrador for de uma década para a satisfação da obrigação, além da insegurança gerada, insta destacar a onerosidade que pautará essa penhora de faturamento.

Conforme frisamos e deixamos transparente, a penhora do faturamento precisa desaguar na finalidade precípua da medida, qual seja, de obter a satisfação do crédito.

De nada adianta a constrição, sob a ótica do fisco, ou mesmo trabalhista, quando a empresa está sujeita ao procedimento da recuperação judicial, cujo plano fora apresentado, refletindo na situação de consentimento dos credores para aprovação.

Nessa realidade, a penhora de faturamento também tem o condão de apurar qualquer desvio ou comportamento incoerente, no propósito de ocultar bens ou dificultar a realização da Justiça.

Não é sem razão que o legislador abriu espaço para que, uma vez intimado, informe o devedor a localização dos bens, sob pena de submeter-se à sanção consubstanciada na multa.

Fincada na realidade, enorme dificuldade se apresenta quando estamos diante da comprovação de ato simulado, fraudulento, outro prejudicial aos interesses do credor.

Notadamente, a penhora de faturamento tem sido utilizada amiúde para pressão psicológica e também inserir no âmbito da empresa, ainda que sem poderes de gestão, a figura do administrador judicial.

7

Do Administrador Judicial

7.1 O encargo e seu pressuposto

Frisamos que a nomeação do administrador depende da sua capacidade de exercer o múnus; assim, deverá demonstrar familiaridade com a matéria, principalmente dados econômicos, contábeis, para transmitir ao juízo a melhor impressão.

Pode acontecer que o perito, funcionando no procedimento de conhecimento, receba a nomeação na fase de execução do julgado, cumprimento de sentença.

Essa realidade facilita o conhecimento plural e também todas as perspectivas em torno do cumprimento da penhora de faturamento.

O administrador judicial, assim que for intimado, assumirá a responsabilidade e também elaborará, por primeiro, o custo estimando as despesas, para depois encaminhar um relatório.

Fundado no seu informe, o juízo poderá manter o percentual da penhora de faturamento, revê-lo ou suspendê-lo provisoriamente até a normalização do funcionamento da atividade empresarial.

Nota-se, pois, que a sensibilidade do administrador é fator preponderante e decisivo na meta de se alcançar, pelo resultado, a satisfação do crédito.

Adjetivar o pressuposto do encargo significa emprestar ao administrador judicial inerente responsabilidade, isso porque não intervém como gestor, ou gerente delegado, mas exclusivamente funciona para verificar aquilo que é possível dentro da constrição determinada.

Identificado com a realidade de sua atividade, o administrador judicial, arregaçando as mangas, deve conhecer o procedimento e verificar o crédito exigido e quais os percentuais necessários à tomada de posição.

A integração da medida judicial implica na agilidade do administrador para assumir o compromisso e apresentar ao juízo estimativa do custo e o plano de pagamento.

Com razão, o desinteresse do administrador ou sua letargia, no cumprimento da ordem judicial, invariavelmente representa fator negativo que desarticula o alcance pretendido.

Não se sentindo em condições ou analisando a complexidade do assunto, o administrador nomeado poderá declinar do encargo, o que deve ocorrer de plano, prestigiando a efetividade da penhora de faturamento.

Sugerimos que essa determinação ocorra na primeira oportunidade e não depois de longo tempo transcorrido, o que pode inviabilizar o cumprimento da medida e prejudicar o credor.

É curial que a executoriedade da constrição ocorra sob a responsabilidade do administrador, sendo facultativa a conduta de indicação de assistentes, não estando o juízo sujeito à conclusão emanada do relatório apresentado.

7.2 Limites da função e o depositário infiel

A hodierna leitura em relação à figura do depositário infiel passa sob o crivo da visão manifestada pelo STF, na Súmula 25, de conotação vinculante.

Referido texto tem a seguinte expressão:

> "É ilícita a prisão civil do depositário infiel, qualquer que seja a modalidade do depósito."

Efetivamente, não se pode cogitar, na realidade, a respeito do decreto prisional, de ordem administrativa, em torno do depositário infiel.

Decorre a responsabilidade, inclusive de indenizar, não, porém, àquela vinculada à ordem de prisão administrativa.

Explica-se, na falta de prisão destinada à natureza da infração, e também para reduzir o número elevado de recursos, principalmente *Habeas Corpus*, foi que o STF editou mencionada súmula vinculante.

Representa, em parte, algum desprestígio ao comando da função e poder jurisdicional, inclusive permitindo a recusa, ou a não submissão ao decreto de prisão.

Indiretamente, não se caracterizando, para fins prisionais, o retrato de depositário infiel, representa margem maior de condutas que podem prejudicar o credor e terceiros.

Renovamos na oportunidade os limites que disciplinam a atividade do administrador, balizando, assim, pura e exclusivamente o tópico ligado ao encargo exercido.

Nessa linha de raciocínio, compreende-se na função a coleta de dados e os subsídios a serem transmitidos no relatório apresentado, aglutinando--se certeza na efetividade da medida.

Destacamos que o administrador assume a responsabilidade e também pode ser considerado, em tese, fiel depositário em relação à documentação, complexo dos lucros e os rendimentos a serem constritados.

Necessário, entretanto, esmiuçar o conceito de depositário, em função da responsabilidade assumida, no propósito da penhora de faturamento.

Observamos, por tal ângulo, que o administrador judicial, na função transitória, quando elabora o laudo contendo seu relatório e, de forma emblemática, sustenta a viabilidade ou a inviabilidade da medida, necessita agregar todos os aspectos para o livre convencimento.

Nessa visão, quando conclui que o percentual pode ser razoavelmente fixado em 10%, e colhe o "de acordo" dos administradores-sócios da empresa, a partir desse momento a sua fiscalização deve ser rigorosa e concentrada na sua implementação.

Em linhas gerais, assinalando que mensalmente o valor será transferido para a conta judicial, deve acompanhar e verificar todas as implicações e não apenas aguardar providências da empresa devedora.

Comunicará na primeira oportunidade sobre o descumprimento daquilo pactuado, até para permitir eventual penhora *online* ou medidas paralelas.

Não pode ficar o administrador desatento ou letárgico: deve manter periódica visitação e acompanhamento da atividade operacional, esclarecendo ao juízo o descumprimento e a infundada prática, motivando medidas supletivas.

Com efeito, sabendo o administrador judicial que o ingresso de recursos parte de títulos recebíveis em mãos de terceiros, nada prejudica que dê ciência aos devedores e procedam ao depósito judicial dos valores, uma vez que a empresa devedora se mostrou refratária da medida judicial relativa ao faturamento.

Eventual omissão do administrador, implicando letargia ou leniência em face do procedimento adotado pela empresa, poderá significar infidelidade e resultar na sua destituição.

Quebrada a confiança, o juízo destituirá o administrador, podendo ordenar a devolução do valor recebido, incumbindo a outro o mister.

Bem nessa toada, fundamental manter a transparência e a confiança depositada no administrador, no sentido de trazer, periodicamente, os dados em torno da penhora de faturamento.

É dever do administrador nomeado, sempre que solicitado, prestar esclarecimentos, apresentar informes, esclarecer dúvidas, realizar diligências e tornar transparente a sua manifestação, no intuito de subsidiar o juízo.

A morosidade do seu agir sempre privilegiará a incerteza e trará ritmo questionando a medida e a própria finalidade de sua consecução.

Desse modo, pois, passa o administrador a frequentar ambiente da empresa e também consultar sua escrituração, no sentido de carrear os elementos fundamentais para concretização do relatório e eventual alteração do percentual sujeito à constrição do faturamento.

Existente qualquer entrave, de imediato será comunicado pelo administrador, no propósito das providências judiciais, advertência, ato atentatório à dignidade da Justiça e, excepcionalmente, posicionar o administrador provisório gerenciando o negócio, a título de eliminar as barreiras impostas.

7.3 Informes empresariais

Conquanto o administrador judicial tenha a sua função adstrita aos valores que abrangem a penhora de faturamento, sobreleva notar que o conhecimento pleno é peculiar à sua tarefa.

Quando nos referimos aos dados, isso não significa, em absoluto, a devassa na empresa, completa abertura, de dados sigilosos e que possam comprometer a livre concorrência.

Espontânea e transparentemente, a empresa poderá franquear o acesso à contabilidade, aos dados bancários e fiscais, para elaboração do relatório, subministrando o administrador fundamento para o convencimento do juízo.

Fundamental, portanto, para a sua atividade, que o administrador possa trabalhar sem nenhum constrangimento e tenha livre acesso aos subsídios imprescindíveis.

Eventualmente, se a empresa alega a impossibilidade de pagar, ou se rebela contra o percentual fixado, somente a exploração dos dados globais fomentará o sucesso da atividade.

Enfim, a empresa não poderá virar as costas ou sonegar elementos que visam a completar a atividade do administrador que prioriza o lucro voltado ao relatório.

Apontando inconsistência nos dados e não se sentindo à vontade para elaboração de seu relatório, voltar-se-á o administrador para questionar a documentação, exigindo aquela considerada imprescindível.

Normalmente, a medida judicial é neutralizada pelo comportamento da sociedade empresária de não querer colaborar ou de impedir sua efetividade.

Contudo, desde o primeiro momento, cumpre ao administrador judicial alertar e proceder à conferência dos dados, relatando ao juízo todas as dificuldades impostas.

Referido posicionamento pontua a perspectiva do acesso aos sigilos, inclusive colimando modelar a empresa ao padrão de eficiência da medida de constrição adotada.

Quando percebe o administrador que os informes estão sendo maquiados ou simplesmente escondidos, a ele cumpre levar ao conhecimento do juízo, na tendência de superar os entraves colocados.

7.4 Quebra dos sigilos fiscal e bancário

O administrador funciona na qualidade de auxiliar do juízo, conforme a regra do art. 655, § 3º, do CPC, e isso porque elabora documento e presta contas, mensalmente, das quantias recebidas.

Nada obstante, se a empresa mostrar inquietude e não quiser colaborar com o trabalho do administrador, a ele cabe requerer ao juízo a necessidade da quebra dos sigilos.

Demonstrando a essencialidade da medida, conterá o requerimento do perito a finalidade, o período e quais os dados que pretende obter para o exercício de sua função.

Não há que se cogitar de contraditório amplo e específico, quando a empresa devedora não colabora com a atividade do administrador e, simplesmente, sem explicar, não apresenta sua contabilidade.

É bem verdade que os dados ligados à escrituração bancária e fiscal se conjugam e formam todo único, complementando e subsidiando o termômetro da atividade ao longo dos anos.

Consequentemente, notando o juízo a necessidade da medida, a qual serve de instrumento para o sucesso na penhora de faturamento, assim procederá.

O simples acesso *on-line* aos informes não retira a possibilidade de se determinar, durante o período pretendido, com a obtenção dos dados, os esclarecimentos da empresa devedora.

Ao lado da penhora de faturamento, a quebra do sigilo é fundamental quando a empresa subtrair ou procurar confusão, tentando minar a atividade do administrador.

No pensar escrito, a quebra do sigilo não pode ser determinada desprovida de fundamento.

No cânone constitucional, o juízo decretará a quebra, tornando-se medida imprescindível, fundamentando no seu despacho a imprescindibilidade para o sucesso da constrição de faturamento.

Envidados os esforços adjetivando essa medida, a quebra do sigilo será determinada dentro do ângulo de visão necessário ao complemento dos informes.

Justifica-se a quebra, tanto do sigilo bancário quanto do fiscal, determinando-se com isso o real faturamento e as atividades complementares da empresa.

Qualquer tentativa do devedor de frustrar a medida, inclusive impedir o acesso aos dados, resulta na viabilidade da quebra e no alcance dos dados bancários e fiscais, trazendo plasticidade no relatório do administrador.

O precípuo agir do administrador não é encontrar ato ilícito tributário, ou qualquer outro resquício delituoso, mas sim a incoerência dos dados que fortaleça o seu raciocínio em prol da manutenção da constrição do faturamento.

Encarregado da medida, não poderá o administrador esmorecer diante da reação da empresa que lhe fecha as portas e impede consulta, priorizando a quebra.

Referida determinação poderá ser feita unicamente, ou de forma repetitiva, sempre que houver necessidade, justificadamente, na sintonia fina com obtenção de resultado.

Extrai-se do relatório do perito o conhecimento dos dados levantados e aquilo que possa resultar do cruzamento, em prol da viabilidade da constrição do faturamento.

7.5 Revisão do percentual da constrição

Quando abordamos a ordem do juízo definindo a penhora do faturamento, de início frisamos que seria prematuro, sem o conhecimento técnico, o estabelecimento de percentual.

Percentuais elevados geram desassossego e a medida poderá ser alvo, via de regra, do recurso de agravo de instrumento, cujo efeito suspensivo é paralisante, podendo até facilitar manobra contábil e dilapidação patrimonial.

Interposto o agravo, emprestado o efeito suspensivo, vários meses são necessários para o julgamento de mérito.

Contudo, a demora do enfrentamento que desafia o mérito pode provocar dilapidação patrimonial e completa modificação da estrutura empresarial, ao tempo do deferimento da constrição.

Nessa toada, nada desaconselharia que fosse feita uma espécie de inventário, de modo cautelar e incidental, enquanto se aguardasse, em definitivo, o julgamento do agravo.

Invariavelmente, a distância entre o deferimento da medida e a execução, principalmente quando há recurso, leva ao insucesso e também às alterações que implicam no desconhecimento a respeito da viabilidade do negócio.

Bem nesse divisar, portanto, o despacho genérico que defere a penhora de faturamento apresenta uma grande virtude, qual seja, de não implicar onerosidade ou gravosidade a fundamentar o recurso.

Consequentemente, no analisar do administrador caberá a ele avaliar o impacto da medida e qualificar, quantitativamente, o percentual passivo de executoriedade.

Deixamos claro que referido percentual parte do pressuposto da atividade empresarial em condições favoráveis, sem comprometimento do contexto e da própria sociedade empresária.

Não existe percentual fixo; isso porque a atividade empresária é dinâmica. Assim, por consequência, devemos nos convencer de que a cada mudança um percentual poderá estar sendo determinado.

Submetida à realidade dos fatos compreendida pelo perito, assim se situa a revisão permanente, em maior ou menor percentual, a qual se integra ao campo específico da medida.

Dúvida pode surgir quando a empresa está sob o regime de recuperação judicial ou tem o seu plano extrajudicial homologado pelo juízo.

Indaga-se, pois, se nessas hipóteses a penhora de faturamento poderia produzir resultados e não conflitar com o procedimento abraçado.

A interpretação feita pela leitura dos acontecimentos, num primeiro momento, gera a obrigação de saber se o crédito cobrado integra ou não o elemento de recuperação societária.

Fazendo-se presente, havendo novação, estaria descartada a hipótese de constrição do faturamento. Caso contrário, e desde que não resvale no espírito predominante da recuperação, em percentual mínimo combatível, poderá ter incidência, monitorando o administrador judicial os reflexos da medida.

Reluzente o tema, enfrentando muitas imprecisões, seu estudo enraíza sólido substrato na perquirição da causa e na solução do seu objeto, sempre se adequando ao perfil patrimonial da empresa.

Não se pode, contudo, fruto da constrição do faturamento, abrir crise sem precedentes, em detrimento da atividade empresária, no exclusivo benefício de credor individual.

A conjuntura revela que a grande dificuldade consiste em manter o equilíbrio entre o crédito perseguido e a normalidade da atividade empresarial, cuja penhora de faturamento deve ser implementada de forma menos traumática, mas que conduza ao resultado prático.

Não há prazo para que a medida perdure, porém deve ser avaliado o seu custo-benefício, inclusive medidas paralelas, colimando a satisfação do crédito, arrendamento da empresa, usufruto, locação de bens, conjunto de procedimento voltado ao desiderato do credor.

Constata-se, portanto, que a revisão do percentual é medida salutar e extremamente benéfica, a qual permite, numa economia globalizada, equacionar em médio prazo o conflito permanente entre credor e devedor.

O polêmico e aceso debate em torno da penhora de faturamento estaria a exigir uma reforma legislativa para melhor definição de conceito e aplicação.

Notamos que a construção de uma metodologia inerente à constrição do faturamento exige transparência, reunião de todos e, sobretudo, avaliação patrimonial.

A incidência da medida oportunizará a posição da razoabilidade ao lado do critério da proporcionalidade, unificando na sistemática a eficiência do comando determinado.

Comumente, frisamos em diversas oportunidades, o coeficiente percentual da constrição se adstringe ao estado de solvabilidade da empresa, sua rotina de produção e os encargos presentes.

Considerando isso, sustentamos que pela dinâmica da vida empresarial, no seu contexto plural, flui naturalmente que a estipulação do percentual sempre pode ser revista.

Os diversos julgados apreciados e pesquisados, em boa parte, trouxeram análises vocacionadas a percentuais elevados, sem qualquer fundamento, ou pressuposição.

Dessa forma, não se justifica, mesmo em tese, a penhora de faturamento que abranja 30%, sob pena de comprometer a solvabilidade do negócio empresarial. São raríssimas as hipóteses nas quais referido percentual poderá obter prestígio.

Inerente a essa tarefa, o credor pode estimar quanto lhe seja favorável em termos de concessão, porém, na sua análise objetiva, o juízo deverá considerar o porte da empresa, declarações de rendimento e sua situação atual.

É melhor coadunar o percentual com o faturamento real do que extinguir propriamente dito o negócio empresarial, quando se determina a penhora incompatível com a sociedade empresária.

A concretização sedimentada na efetividade da medida pressupõe colaboração e discernimento, circunstâncias que peculiarizam a nomeação profissional.

Bem nessa sintonia fina, portanto, entendemos que, de acordo com o momento do seu empreendimento, o empresário tem a capacidade consoante a globalização presente e os reflexos do consumo.

Em linhas gerais, para traduzir esse perfil, o percentual poderá oscilar, em menor ou maior grau, desde que tenha alguma viabilidade e consolide a força da medida judicial.

Seguramente, pois, quando a medida tiver reflexos sujeitos ao seu tempo de duração, encarecendo o custo, sem proveito algum, nada melhor do que revê-la para não permitir a inutilidade da constrição.

Sustenta-se, portanto, na hipótese examinada, que a revisão do percentual consubstancia interação e integração do juízo, na capilaridade do administrador e na visibilidade de amealhar o melhor retrato consoante a vida empresarial.

8

A Responsabilidade do Sócio Cotista

8.1 A temática da responsabilidade societária

Embora não seja novo, suscita na doutrina e na jurisprudência, invariavelmente, diversas contradições a respeito da responsabilidade do cotista e seus limites.

Natural destacar que o enfoque deve abranger não apenas as questões relacionadas ao débito propriamente dito, mas também encerrando proposições quando se tratar de crédito tributário.

As sociedades limitadas hoje encontram-se disciplinadas no atual Código Civil, revogando-se a legislação do começo do século XX, implementando-se, com isso, nova roupagem, a partir do art. 1.052 do Código em vigor.

Entretanto, questão crucial consiste em saber se verdadeiramente, na modernidade do Direito Empresarial, descasamentos societários, na tipologia do negócio, ocorrem limitações diretas ou indiretas em relação ao cotista.

Sabemos que a solidariedade não se presume, decorre da lei ou da vontade entre as partes, cujo aspecto subsidiário da responsabilidade pode ser mencionado, em algumas hipóteses, não sendo a integralização do capital obstáculo legal.

Nota-se, sobretudo no Direito Brasileiro, ao contrário do Direito Comparado, uma tendência na qual não se exige, do ente societário, para qualquer atividade, o chamado capital mínimo.

Consequência disso, sobressai evidente que as empresas não podem contingenciar as respectivas responsabilidades por intermédio de capitais sociais mínimos ou irrisórios.

Pontua-se que tal irrealidade não pode passar ao largo da análise jurisprudencial, porém sem afetar, mais de perto, os contornos do tipo empresário.

Bem nessa quadra, os tribunais, principalmente o Superior Tribunal de Justiça e o STF, na interpretação dessa matéria, caminham na direção de encontrar argumentos para harmonizar a circunstância com a segurança decorrente da atividade empresarial.

Em linhas gerais, quadra destacar, a limitação da responsabilidade às cotas do capital por si só não repercute diretamente naquele entendimento declinado, na medida em que, feita a desconsideração da personalidade jurídica, novos aspectos colocam em evidência o patrimônio dos devedores.

Na dialética abordada, uma coisa é o débito da pessoa jurídica, envolvendo a superação da personalidade, e outra distinta tem conotação relativa à dívida do sócio.

Em ambos os casos, portanto, e na digressão tratada, vejamos quais as tendências para o reconhecimento da hipótese, tanto no direito privado, quando advier a relação do direito público para aventarmos um denominador comum.

8.2 A integralização da cota e sua repercussão

O moderno Direito Societário, natural dizer, influenciado pelas tendências europeias, especificamente o Direito Italiano, simbolizou modelo da Sociedade Limitada mais formal e burocrático, porém entrosado com seu ambiente, no que toca às sociedades limitadas.

A disciplina percuciente revela, em relação às quotas, o significado específico e a dinâmica da representação, consabido, ainda, que a legislação processual aglutina a penhora dessa participação.

Substancial considerar que a integralização da quota é obrigação inerente ao sócio, de conseguinte, qualquer omissão reflete a responsabilidade ilimitada e solidária.

Desponta o art. 1.055, § 1º, do Código Civil, a responsabilidade pela estimação dos bens, até o prazo de cinco anos, fluindo do registro da sociedade.

A quota é sempre indivisível em relação à sociedade, representa a participação de cada sócio, podendo ocorrer flexibilização, na hipótese de aumento ou redução do capital social.

Ressalta o art. 1.058 do Código Civil, que não integralizada a quota, sendo remisso o sócio, os demais poderão incrementar a transferência para terceiros, ou conferi-las em prol dos mesmos, mediante simples operação contábil, restituindo aquilo que fora pago.

Criteriosamente, na sinalização do modelo societário, a tendência jurisprudencial preconiza que a integralização do capital, *per se*, não significa a limitação da responsabilidade.

Dest'arte, quando estiver caracterizado o abuso do poder, atos contrários ao Estatuto, ao contrato social, praticados com excesso de poder, afiguram os administradores e gerentes como responsáveis.

Nada obstante a integralização acontecida a tempo e a hora, fato é que, inexistente no Direito Societário piso referente ao tipo de negócio, tornar-se-ia vago e muito lacunoso estabelecer-se o limite pelo capital social existente.

Corolário lógico desse pensamento faz pressupor que, na acepção própria jurídica, e considerando os atos praticados, a descaracterização, tanto na responsabilidade subjetiva, mas também objetiva, implica em reconhecer superação da limitação presumida.

Explica-se, por tal caminho, que a limitação do tipo não é aspecto impediente para que se prossiga contra os bens do sócio, haja vista o patrimônio e o crédito almejado.

Na quadra divisada, aplica-se o art. 591 do Código de Processo Civil, combinado com o 592, inciso II do mesmo diploma legal, para que se possa aferir o grau e a extensão da responsabilidade.

Notório destacar que o dever de integralização é imanente à condição de sócio, não o fazendo, e sem que a sociedade proceda à regularização, daí nasce a solidariedade.

Identifica-se no enraizamento da discussão, antes de tudo, o biombo da pessoa jurídica e sua utilização contrária à legislação, em detrimento do credor em prejuízo da atividade empresarial.

8.3 Responsabilidade societária empresarial

Não se torna correto afirmar que a integralização do capital social restringe-se à responsabilidade do sócio, porquanto a interpretação sedimenta compreensão mais ampla.

Evidente, na análise dialética do tema, o argumento que permeia a natureza do crédito e aqueles atos praticados pelos administradores e os exercentes do cargo de gerente.

Incogitável pressupor uma responsabilidade ilimitada, ou sem balizamento, mas o que se pretende é, na visão do contexto, impor regras que sinalizem transparência na aplicação da norma.

A irrelevância do capital social é ponto a ser levado em consideração, em conjunto com os demais elementos formadores da responsabilidade empresarial.

Exemplificativamente, uma empresa que aliena imóvel na casa de um milhão de reais e possui capital social integralizado de cem mil reais, além da submissão à relação de consumo, não pode pretender eximir-se de sua responsabilidade baseada única e exclusivamente no teto formador do capital existente.

O desnível entre a autonomia e a responsabilidade se acentua com maior evidência quando nos deparamos com as relações, o objeto social, as respectivas repercussões da atividade empresarial.

Dessa forma, o Superior Tribunal de Justiça, no Recurso Especial 1.169.175 – DF, Relator Ministro Massami Uyeda anotou, com inegável propriedade, que a aplicação do art. 50 do Código Civil não representa adstringir a responsabilidade às quotas sociais.

Com efeito, naquele julgado, ao se descaracterizar a pessoa jurídica, determinou-se o prosseguimento em relação aos bens dos sócios, sem restrição específica atinente às quotas sociais integralizadas.

Nesse diapasão, e conforme a disciplina jurisprudencial invocada, feita a desconsideração, o princípio abrange os bens particulares dos administradores ou sócios da pessoa jurídica.

O acervo patrimonial do devedor, no caso o sócio, pode ser explorado no procedimento, a fim de que as vicissitudes inerentes ao valor do capital social não representem a irresponsabilidade do devedor.

De conseguinte, na análise do art. 591 do Código de Processo Civil, o sócio-devedor, na condição de gerente ou administrador, pois, tem seus bens presentes e futuros submetidos à cobrança.

Denota-se, por tal ângulo, que o escopo de se limitar a responsabilidade ao teto da integralização do capital não mais ganha adeptos nas interpretações jurisprudenciais feitas, quando assinalam o envolvimento do conjunto patrimonial, no sentido amplo.

Precrustrada a matéria, em toda sua ressonância, o sócio que integralizou seu capital, e porém, agiu ao arrepio da lei, com violação do contrato e desvio de poder, terá seus bens submetidos ao procedimento de cobrança.

Distingue-se a hipótese daquela relativa ao encerramento da empresa pela falência decretada, forma legal, a qual não participa qualquer incursão pelo patrimônio individual, exceto quando houver extensão dos seus efeitos.

A dissolução irregular da sociedade, ao contrário, mapeia incidência da responsabilidade dos sócios e comporta digressão, uma vez que situa irregularidade para efeito de abrigar o patrimônio dos sócios administradores e gerentes.

No tocante ao crédito tributário, tema sempre em evidência, o viés do art. 135, inciso III do CTN exige algumas considerações, porém, na incursão realizada por meio do Recurso Extraordinário 562/276/Pr, Ministra Relatora Ellen Gracie assim se posicionou:

> "O art. 135, III do CTN responsabiliza apenas aqueles que estejam na direção, gerência, ou representação da pessoa jurídica e tão somente quando pratiquem atos com excesso de poder ou infração à lei, contrato social ou estatutos."

Naquele julgado, o Supremo Tribunal Federal, na oportunidade específica, salientou a inconstitucionalidade do art. 13 da Lei 8.620/93, quando alcançou os sócios das empresas limitadas, descrevendo responsabilidade solidária com seus bens pessoais para com o débito da seguridade social.

No campo trabalhista a realidade não é menos diferente, uma vez que, via de regra, alcançam-se os sócios, independentemente de suas retiradas, cargos ocupados e atos que possam caracterizar o nexo causal efetivo da culpa.

O verdadeiro cerne que desafia a análise plural do intrincado problema repousa na circunstância de se comprovar o ato praticado e trazê-lo à baila, sem qualquer presunção ou aplicação indevida da responsabilidade objetiva.

Concernente ao enfrentamento do patrimônio do sócio, por certo, quando não for suficiente para atender o crédito exigido, o patrimônio individual ficará submetido até que possa se coadunar com o título cobrado.

Efetivamente, qualquer participação que ressoe relevante trará, no seu cerne, a plausibilidade do alcance e de integrar o patrimônio universal do devedor.

Quando a responsabilidade traz no seu núcleo o débito da empresa, logicamente o sócio responde, nas condições de gerente, ou administrador, até os limites exigidos, tanto do particular, como em atenção ao crédito tributário.

Diferentemente, quando a dívida provier de relação entre o sócio, pessoa física considerada, e terceiro, a abrangência tornará possível repercutir nas participações societárias comprovadas.

Explica-se, de forma singular, pois, que todas as vezes nas quais o sócio devedor, na qualidade de pessoa física, tiver que suportar a exigibilidade do crédito, cuja participação societária não se posicionar suficiente, cabe ao credor prosseguir em relação às participações em outras sociedades demonstradas.

Renova-se, na sinergia da responsabilidade societária, o concatenamento entre limites existentes e a possível aplicação da desconsideração da personalidade jurídica.

Hoje, mais frequentemente, numa economia globalizada, com mudanças frequentes em relação às empresas, poderemos encontrar sócios pessoas jurídicas e também participações societárias relevantes para a cobrança do crédito.

Tocante à matéria cumpre ao credor comprovar o nexo, adjetivando a culpa caracterizada, permitindo assim o descasamento de posições, para localização de patrimônio.

É induvidoso afirmar que o princípio da efetividade processual, consolidado na Emenda Constitucional 45/04 ressente-se muitas vezes de aplicabilidade, porquanto os processos, na fase de execução, de títulos judiciais ou extrajudiciais, contam com os embaraços realizados pelos devedores.

8.4 A posição do sócio-devedor

Contingenciado o fator determinante que insta a responsabilidade dos sócios, cumpre verificar, portanto, caracterização de demonstrar a sua eficácia.

Bem nessa diretriz, prova robusta revela apresentação do documento contido no registro de empresa, para aferição da constituição e alterações societárias.

Preocupou-se o legislador, nessa quadra, de qualificar os sócios responsáveis, e, para tanto, nos deparamos com aqueles que exercem administração, ou estão encarregados da gerência.

Quando cogitamos da gerência, nada impede seja profissionalizada, sendo comum no Direito Europeu a respectiva delegação, porém, cercada de garantias.

É imprescindível verificar sobre a movimentação do quadro societário, alterações e modificações, a fim de que tudo esteja adstrito ao lapso temporal da responsabilidade.

Cumpre ponderar que o ônus da prova, muitas vezes de conotação diabólica, porquanto a demonstração dos atos praticados implica no conhecimento particularizado da realidade.

O imponderável se marca mais frequente quando o credor é o fisco ou a seguridade social, levando para o campo da simples presunção aquilo que na prática deve subsumir o elemento culpa.

Abrigada a hipótese no seu peculiar aspecto, em toda a sua dinâmica, atos existem que conferem a culpa, a exemplo da dissolução irregular, da apropriação do tributo sem o devido recolhimento, mas outros exigem, consequentemente, inequívoca comprovação que permita alcançar os bens dos sócios.

Quando alcançado pela integração à lide, o sócio-devedor poderá adjetivar incidente de exceção de pré-executividade, no propósito de evidenciar sua ilegitimidade.

Feita a desconsideração da pessoa jurídica, comporta analisar seu cabimento e ao mesmo tempo a inclusão dos sócios para atingir seu patrimônio.

Os sócios estarão delimitados pelos exercícios da administração ou da gerência, sendo irrelevante qualquer outra atividade desempenhada, na circunstância de se aferir o conjunto probatório.

Elementos devem ser destinados ao livre convencimento do juízo, apontando a respectiva conduta, de maneira emblemática, situando a posição do sócio, mostrando sua repercussão.

Integrando a lide, o sócio-devedor responderá pelo valor da obrigação, não apenas diante do capital social integralizado, mas por força do art. 591 do Código de Processo Civil, na medida em que a universalidade de bens define o conteúdo da obrigação.

Ao fazer prova segura da responsabilidade do sócio-devedor, na condição de quotista, o credor trará também, de forma circunstanciada, o patrimônio para ser excutido.

Conflui dessa operação, em primeiro lugar, portanto, definir quais sócios respondem, num segundo momento, elemento de culpa, por último, o acervo patrimonial catalogado.

Não se cuida de alterar o regramento, mas sim dotá-lo de eficácia e própria validade, vislumbrando-se, dessa forma, medida efetiva que debele o comportamento contrário à responsabilidade existente.

Repousa na universalidade de bens dos sócios o preceito que articula o prosseguimento da cobrança, sob a ótica da responsabilidade patrimonial, notadamente quando estamos diante de mera aparência protegida pelo biombo, no sentido de minimizar o alcance da medida.

Deflagrada a realidade e sua lógica matemática, poderá, também o credor, fazer a leitura da declaração de rendimentos, evidenciando assim catalogar, mais de perto, o conjunto patrimonial que se atrela à exigibilidade da obrigação.

Modelo da sociedade limitada, antes de tudo, somente pode ser compreendido na exata medida da regularidade dos atos praticados, interna e externamente, de tal sorte que não ocorre vedação para o alcance ilimitado do patrimônio dos sócios.

A tipologia da sociedade limitada, no desenho do Código Civil atual, não encerra qualquer sujeição, em termos de responsabilidade, ao capital social integralizado.

Subsidiariamente, o modelo societário acena com a regra das sociedades anônimas, porém, nada interfere na caracterização da responsabilidade e no acervo patrimonial universal dos sócios.

O próprio art. 1.080 do Código Civil estabelece que as deliberações infringentes do contrato ou da lei tornam ilimitada a responsabilidade daqueles que a aprovaram.

8.5 Síntese analítica do tema

Desbordado o leque da pessoa jurídica, sentimos na prática a eficácia da aplicabilidade que envolve o tema da responsabilidade e seu próprio alcance.

Nessa dicção, portanto, a construção jurisprudencial apara a aresta e sedimenta livre posição sobre a constrição patrimonial universal dos sócios.

Independente do crédito de direito privado, o sujeito a pessoa jurídica de direito público, coloca-se o ônus da prova, exceto nas hipóteses de presunção de culpa.

Comumente, a tendência relativa a descaracterização não pode passar ao largo das participações societárias e de eventual descasamento para aferir a responsabilidade.

Comunga-se do ponto de vista que idealiza a função orgânica societária e os limites impostos quando houver abuso, desvio, ou contrariedade a cargo dos sócios.

A expressão *sócio* somente se adstringe àqueles que exercem cargos gerenciais ou de administração, ficando os demais, consequentemente, imunes à responsabilidade patrimonial.

O contexto prioriza o máximo de informes, prioritariamente a declaração de rendimentos, a fim de que o credor possa prosseguir e alcançar bens suscetíveis consonantes do crédito.

A teoria da responsabilidade empresarial, no modelo da sociedade limitada, desafia novos padrões e apresenta, a título de paradigma, o conceito não ortodoxo a respeito da integralização do capital.

Enquanto não houver disciplina a respeito da atividade empresarial e do objeto social específico, o capital integralizado é apenas um detalhe que não impede os bens dos sócios para efeito de responsabilização.

Projetada a dinâmica e sua prospecção, as luzes jurisprudenciais caminham, paulatinamente, na interpretação do modelo, na eliminação da fraude e na segurança das relações havidas, diante do cunho protetivo inerente ao credor.

O século XXI apresenta, no conceito de economia globalizada, permanentes mudanças societárias, porém, o freio jurisprudencial renova a esperança e recicla, como termômetro, o assunto, enfrentando os limites da responsabilidade empresarial dentro do modelo da sociedade limitada.

Jurisprudência

1) Responsabilidade civil. Danos imateriais. Restaurante de rede *fast food*. Consumidor que alega ter adquirido alimento impróprio para consumo. Pretensão ao recebimento de indenização por danos imateriais. Sentença de improcedência. Apelação do autor. Nexo de causalidade entre o dano alegado e a conduta das empresas franqueadora e franqueada não evidenciado pela prova dos autos. Possibilidade de infestação incidental do alimento não descartada. Responsabilidade civil das empresas fornecedoras não configurada. Recurso não provido. (TJSP – Apelação 9129854-79.2009.8.26.0000, 9ª Câmara de Direito Privado, 22/2/2011 – Rel. Des. João Carlos Garcia)

2) Agravo de instrumento. Execução de título judicial. Desconsideração da personalidade jurídica. 1. Agravo contra a decisão que deferiu o pedido de desconsideração da personalidade jurídica da agravante, para estender os efeitos das obrigações aos sócios da ré, ora agravante; 2. O art. 50 do Código Civil trata das hipóteses de aplicação deste instituto, prevendo a possibilidade de ocorrer a desconsideração da personalidade jurídica quando houver abuso da personalidade jurídica ou quando houver confusão patrimonial, a fim de que as obrigações daquela se estendam a seus sócios ou seus administradores; 3. Dificuldade dos agravados em localizar os bens da agravante a serem penhorados, o que, inclusive, foi expressamente consignado pelo Sr. Oficial de Justiça; 4. Aqui, poderia se fazer aplicar a Teoria Menor, a qual se satisfaz com mero inadimplemento da obrigação, para desconsiderar a personalidade jurídica e responsabilizar patrimonialmente os sócios; 5. Contudo, tal situação se faz desnecessária uma vez que, como ressaltado na decisão atacada, há nítida prática de atos que não condizem com a alegação de que a agravada permanece

exercendo suas atividades normalmente; 6. Recurso não provido. (TJRJ – Agravo de Instrumento 2009.002.32577, 6ª Câmara Cível, 21/10/2009 – Rel. Des. Benedicto Abicair)

3) Embargos infringentes. Cheque pós-datado. Endosso. Apresentação antes do prazo estipulado. Ciência do endossatário acerca da avença. Adesão tácita. Obrigação de observar o termo. Princípios da autonomia da vontade e boa-fé objetiva. *Pacta sunt servanda*. Vedação de atitude contraditória (*venire contra factum proprium*). Ato ilícito caracterizado. Obrigação de compensar danos morais. Precedentes. Recurso conhecido e não provido. Aquele que recebe cheque pós-datado tacitamente adere à avença, devendo respeitar o termo para saque, diante dos princípios da autonomia da vontade e da boa-fé objetiva nas relações privadas. Afinal, os pactos devem ser cumpridos (*pacta sunt servanda*), não se admitindo atitude contrária à vontade previamente manifestada (*venire contra factum proprium*). (TJSC – Embargos Infringentes 2010.038686-0, Grupo de Câmaras de Direito Civil, 24/3/2011 – Rel. Des. Victor Ferreira)

4) Juizados Especiais Cíveis. Consumidor. Atraso de voo (por aproximadamente 20 horas). Pernoite no aeroporto. Falta de assistência da companhia aérea. Danos morais configurados. Não observância na razoabilidade e proporcionalidade no *quantum* indenizatório. Sentença reformada para majorar o valor indenizatório para R$ 7.000,00 (sete mil reais). Recurso conhecido e parcialmente provido.

5) TJDFT – Apelação Cível do Juizado Especial 20090111987289ACJ, 1ª Turma Recursal dos Juizados Especiais Cíveis e Criminais do DF – Rel. Flávio Fernando Almeida da Fonseca) Acórdão nº 490.397.

6) Responsabilidade civil do transportador. Provada a relação de causa e efeito entre a tentativa do passageiro em subir ao ônibus, a sua partida concomitante e o traumatismo sofrido, responde a empresa proprietária pelas sequelas daí resultantes, não provada a responsabilidade do médico e fisioterapeuta. Ação improcedente em primeiro grau. Sentença reformada. Apelo provido, em parte. (TJRS – Apelação cível nº 596178806, 4ª Câmara Cível, 2/10/1996 – Rel. Ramon Georg Von Berg)

7) Responsabilidade civil. Débitos efetuados em conta-corrente do autor, movimentação mediante serviço disponibilizado pelo banco via Internet.

Fraude. Dever do banco indenizar. Agravo regimental a que se nega provimento. (STJ – AgRg no Agravo de Instrumento 940.608/RJ, Rel. Min. Luis Felipe Salomão)

8) Civil. Responsabilidade civil. Hospital. A alta do paciente, imprudente e negligente, autorizada, sem avaliação médica, por enfermeira do hospital, acarreta a responsabilidade civil deste. Agravo regimental desprovido. (STJ – AgRg no Agravo de Instrumento 1.009.647/RS, Rel. Min. Ari Pargendler)

9) Agravo regimental no agravo de instrumento. Transporte aéreo internacional. Atraso de voo. Código de defesa do consumidor. Convenções internacionais. Responsabilidade objetiva. Riscos inerentes à atividade. Fundamento inatacado. Súmula 283 do STF. *Quantum* indenizatório. Redução. Impossibilidade. Dissídio não configurado. 1. A jurisprudência dominante desta Corte Superior se orienta no sentido de prevalência das normas do CDC, em detrimento das Convenções Internacionais, como a Convenção de Montreal precedida pela Convenção de Varsóvia, aos casos de atraso de voo, em transporte aéreo internacional; 2. O Tribunal de origem fundamentou sua decisão na responsabilidade objetiva da empresa aérea, tendo em vista que os riscos são inerentes à própria atividade desenvolvida, não podendo ser reconhecido o caso fortuito como causa excludente da responsabilização. Tais argumentos, porém, não foram atacados pela agravante, o que atrai, por analogia, a incidência da Súmula 283 do STF; 3. No que concerne à caracterização do dissenso pretoriano para redução do *quantum* indenizatório, impende ressaltar que as circunstâncias que levam o tribunal de origem a fixar o valor da indenização por danos morais são de caráter personalíssimo e levam em conta questões subjetivas, o que dificulta ou mesmo impossibilita a comparação, de forma objetiva, para efeito de configuração da divergência, com outras decisões assemelhadas; 4. Agravo regimental a que se nega provimento. (STJ – AgRg no Agravo de Instrumento 1.343.941/RJ, Rel. Min. Vasco Della Giustina – convocado)

10) Civil e Processual Civil. Agravo Regimental em Agravo de Instrumento. Ação de Indenização. Responsabilidade Civil da Empresa pelos Atos Ilícitos de seus Prepostos. *Culpa In Eligendo*. Reexame Fático-Probatório. Inadmissibilidade. Agravo Improvido. I. *"O Tribunal de origem concluiu pela responsabilidade civil do empregador pelos atos ilícitos praticados por seus prepostos, reconhecendo a* culpa in eligendo *da empresa ao escolher*

pessoas para a comercialização dos carnês [...]" (REsp nº 551.786/RS, Rel. Min. Nancy Andrighi, 3ª Turma, *DJ* 1/2/2005). II. É inadmissível, em sede de recurso especial, o reexame do conteúdo fático probatório dos autos. III. Agravo improvido. (STJ – AgRg no Agravo de Instrumento 1.378.173/SP – Rel. Min. Aldir Passarinho Junior)

11) Responsabilidade Civil de Empresa Prestadora de Serviço Público – ECT – Monopólio – Art. 37, § 6º da Constituição Federal – Danos Morais – Inexistência do Dano Indenizável. 1. A responsabilidade da pessoa jurídica de direito público e de empresa pública prestadora de serviço de mesma natureza – em especial em regime de monopólio – é, em princípio, objetiva, tanto por ato próprio como por ato de seus prepostos (agentes), como prevê o artigo 37, § 6º, da Constituição Federal; 2. No caso em epígrafe, ainda que aplicável a teoria do risco objetivo dos prestadores de serviços públicos, ou seja, ainda que o ato ilícito seja prescindível à responsabilização, não se imputa à ECT responsabilidade pelo ressarcimento dos pretendidos danos morais; 3. Apesar de configurado o extravio da correspondência do apelante, não se extrai do prejuízo experimentado nenhum tipo de vexame, humilhação ou alteração na ordem psíquica que legitime o pagamento da indenização pretendida; 4. *In casu*, não ficou evidentemente demonstrado que a parte tenha suportado maiores consequências, mas tão somente as perturbações habituais a que dispõe o usuário dos serviços desta natureza. Incabível, portanto, o reconhecimento do dano moral, primordialmente porque, como foi aduzido na sentença, o apelante tem à disposição diversos caminhos para afastar eventual mal-estar entre o apelante e o Exmo. Procurador-Geral da República, já que a proximidade da amizade mantida o habilita a contatá-lo por outros meios, ainda que em momento posterior à posse, desfazendo suposto mal-entendido; 5. Apelação improvida. (TRF-3 – Apelação Cível 1093765, Turma D, 12/11/2010 – Rel. Leonel Ferreira – convocado)

12) ACÓRDÃO 0101700-09.1995.5.04.0341-AP
Relator: Des. Emílio Papaléo Zin
Julgado em 1/3/2012
Agravante: Jucemar Ferreira
Agravados: Calçados Pollen Ltda., Alice Maria Maldaner e OUTROS

Redirecionamento da execução. Responsabilidade dos ex-sócios. Hipótese em que os sócios retirantes respondem pelos débitos trabalhistas relativos ao período em que participaram da sociedade, sendo inaplicável, à presente situação, o limite temporal previsto no art. 1.032 do atual Código Civil, tendo em vista que esta norma entrou em vigor apenas em janeiro de 2003, tendo a retirada dos sócios ocorrido em 25/4/95, na vigência do Código Civil de 1916. Ademais, devem os sócios retirantes responder pelo pagamento das dívidas contraídas no período em que ainda integravam a sociedade, pois se beneficiaram do serviço prestado. Recurso a que se dá provimento, determinando-se a manutenção no polo passivo da ação dos ex-sócios ora executados.

13) Direito Tributário. Responsabilidade Tributária. Normas gerais de direito tributário. Art. 146, III, da CF. art. 135, III, do CTN. Sócios de sociedade limitada. Art. 13 da Lei 8.620/93. Inconstitucionalidades formal e material. Repercussão geral. Aplicação da decisão pelos demais tribunais. 1. Todas as espécies tributárias, entre as quais as contribuições de seguridade social, estão sujeitas às normas gerais de direito tributário; 2. O Código Tributário Nacional estabelece algumas regras matrizes de responsabilidade tributária, como a do art. 135, III, bem como diretrizes para que o legislador de cada ente político estabeleça outras regras específicas de responsabilidade tributária relativamente aos tributos da sua competência, conforme seu art. 128; 3. O preceito do art. 124, II, no sentido de que são solidariamente obrigadas "as pessoas expressamente designadas por lei", não autoriza o legislador a criar novos casos de responsabilidade tributária sem a observância dos requisitos exigidos pelo art. 128 do CTN, tampouco a desconsiderar as regras matrizes de responsabilidade de terceiros estabelecidas em caráter geral pelos arts. 134 e 135 do mesmo Diploma. A previsão legal de solidariedade entre devedores – de modo que o pagamento efetuado por um aproveite aos demais, que a interrupção da prescrição, em favor ou contra um dos obrigados, também lhes tenha efeitos comuns e que a isenção ou remissão de crédito exonere a todos os obrigados quando não seja pessoal (art. 125 do CTN) – pressupõe que a própria condição de devedor tenha sido estabelecida validamente; 4. A responsabilidade tributária pressupõe duas normas autônomas: a regra matriz de incidência tributária e a regra matriz de responsabilidade tributária, cada uma com seu pressuposto de fato e seus sujeitos próprios. A referência ao responsável enquanto terceiro (*dritter Persone, terzo* ou *tercero*) evidencia que não participa da relação contributiva, mas de uma relação específica de responsabilidade tributária, inconfundível com aquela. O "terceiro" só pode ser chamado

responsabilizado na hipótese de descumprimento de deveres próprios de colaboração para com a Administração Tributária, estabelecidos, ainda que a *contrario sensu*, na regra matriz de responsabilidade tributária, e desde que tenha contribuído para a situação de inadimplemento pelo contribuinte; 5. O art. 135, III, do CTN responsabiliza apenas aqueles que estejam na direção, gerência ou representação da pessoa jurídica e tão somente quando pratiquem atos com excesso de poder ou infração à lei, contrato social ou estatutos. Desse modo, apenas o sócio com poderes de gestão ou representação da sociedade é que pode ser responsabilizado, o que resguarda a pessoalidade entre o ilícito (má gestão ou representação) e a consequência de ter de responder pelo tributo devido pela sociedade; 6. O art. 13 da Lei 8.620/93 não se limitou a repetir ou detalhar a regra de responsabilidade constante do art. 135 do CTN, tampouco cuidou de uma nova hipótese específica e distinta. Ao vincular à simples condição de sócio a obrigação de responder solidariamente pelos débitos da sociedade limitada perante a Seguridade Social, tratou a mesma situação genérica regulada pelo art. 135, III, do CTN, mas de modo diverso, incorrendo em inconstitucionalidade por violação ao art. 146, III, da CF; 7. O art. 13 da Lei 8.620/93 também se reveste de inconstitucionalidade material, porquanto não é dado ao legislador estabelecer confusão entre os patrimônios das pessoas física e jurídica, o que, além de impor desconsideração *ex lege* e objetiva da personalidade jurídica, descaracterizando as sociedades limitadas, implica irrazoabilidade e inibe a iniciativa privada, afrontando os arts. 5º, XIII, e 170, parágrafo único, da Constituição; 8. Reconhecida a inconstitucionalidade do art. 13 da Lei 8.620/93 na parte em que determinou que os sócios das empresas por cotas de responsabilidade limitada responderiam solidariamente, com seus bens pessoais, pelos débitos junto à Seguridade Social; 9. Recurso extraordinário da União desprovido. 10. Aos recursos sobrestados, que aguardavam a análise da matéria por este STF, aplica-se o art. 543-B, § 3º, do CPC. (STF – RE 562276/PR, 3/11/2010, Rel. Min. Ellen Gracie)

Bibliografia

ABATE, Mario. *Codice di procedura civile e leggi complementari*. Itália: Cedam, 1997.

ABRÃO, Carlos Henrique. *Curso de Direito Comercial*: Fran Martins. 33. ed. Rio Grande do Sul: Forense, 2010.

____. *Penhora de cotas de sociedade de responsabilidade limitada*. 3. ed. São Paulo: LEUD.

____; IMHOF, Cristiano. *Código Civil comentado*. 3. ed. Florianópolis: Conceito Editorial, 2010.

____; ____. *Código de Processo Civil comentado*. 2. ed. Florianópolis: Conceito Editorial, 2010.

ALMEIDA, Amador Paes. *Execução de bens dos sócios*. 10. ed. São Paulo: Saraiva, 2009

ASSIS, Araken. *Manual da execução*. 11. ed. São Paulo: Revista dos Tribunais, 2007.

BARRETO, Oscar Filho. *Teoria do estabelecimento comercial*. São Paulo: Max Limonad, 1969.

BORBA, José Edwaldo Tavares. *Direito societário*. Rio de Janeiro; São Paulo: Renovar, 2003.

CHIMENTI, Ricardo Cunha et al. *Lei de execução fiscal*. 5. ed. São Paulo: Revista dos Tribunais, 2008.

COMOGLIO, Luigi Paolo. *Il principio di economia processuale*. Itália: Cedam-Padova, 1982.

FARAGO, France. *A justiça*. São Paulo: Manole, 2004.

FRANCIULLI, Domingos Netto et al. *O novo Código Civil*: estudos em homenagem ao Prof. Miguel Reale. São Paulo: LTr, 2003.

GONÇALVES NETO, Alfredo de Assis. *Direito de empresa*. São Paulo: Revista dos Tribunais, 2007.

GRINOVER, Ada Pellegrini et al. *A nova execução de títulos judiciais*. São Paulo: Saraiva, 2006.

LISBOA, Celso Anicet. *A reforma do Código de Processo Civil*. Rio de Janeiro: Forense, 2006.

LOBO, Jorge. *Sociedades limitadas*. Rio de Janeiro: Forense, 2004. v. 1.

ROCHA, Cesar Asfor. *A luta pela efetividade da jurisdição*. São Paulo: Revista dos Tribunais, 2008.

SANTOS, Cairon Ribeiro et al. *Comentários ao estatuto da microempresa e da empresa de pequeno porte*. São Paulo: Saraiva, 2009.

SANTOS, Ernane Fidélis dos. *As reformas de 2006 do Código de Processo Civil*. São Paulo: Saraiva, 2007.

THEODORO JÚNIOR, Humberto. *As novas reformas do Código de Processo Civil*. Rio de Janeiro: Forense, 2006.

_____. *A reforma da execução do título extrajudicial*. Rio de Janeiro: Forense, 2007.

Formato	14 × 21 cm
Tipologia	Charter 10/12
Papel	Printclassic 90 g/m² (miolo)
	Supremo 250 g/m² (capa)
Número de páginas	104
Impressão	Editora e Gráfica Vida&Consciência